Elvira Feil-Götz / Dieter Petri / Jörg Thierfelder

Martin Luther und seine Zeit

Materialien und Kopiervorlagen für die Grundschule

Unter Mitarbeit von
Magdalene Claus, Ingrid Käss, Susanne Kübler,
Rose Schaaf, Eva Schmieder, Susanna Trackl

calwer materialien

Technischer Hinweis: Für die Abbildungen wurde bewusst ein grober Raster gewählt. Dies bedeutet für den Druck zwar einen leichten Qualitätsverlust, ermöglicht aber eine deutlich bessere Kopierqualität.

Neue Rechtschreibung

2. Auflage 2003

Satz und Repro: MedienTeam Berger, Ellwangen
Layout und Herstellung: Kurt Thönnes, die Werkstatt, CH-Liebefeld-Bern
Umschlaggestaltung: ES Typo-Graphic, Stuttgart
Druck und Verarbeitung: Druckhaus Beltz, Hemsbach

Inhalt

Einführung

Bausteine

Inhaltliche Übersicht

Baustein	Inhalt	Arbeitsform	Zeitvorgaben ca.
I	Die Zeit Martin Luthers – eine Zeit des Umbruchs	Freiarbeit an sieben Wahlstationen, jede/r Sch sollte eine Station bearbeiten	2 bis 3 Stunden Auswertungsstunde
II	Kindheit und Jugend Luthers	Erzählung mit inhaltlicher Vertiefung	1 Stunde
III	Studium und Klostereintritt Luthers	Erzählung mit inhaltlicher Vertiefung	1 Stunde
IV	Leben im Kloster	Freiarbeit an einer Pflichtstation und sieben Wahlstationen	3 Stunden
V	Luthers reformatorische Erkenntnis	Erzählung mit inhaltlicher Vertiefung	1 bis 2 Stunden
VI	Ablass und Reichstag in Worms	Erzählung Überleitung zum nächsten Baustein	1 Stunde
VII	Luther auf der Wartburg (im Versteck)	Freiarbeit an vier Pflichtstationen	$\frac{1}{2}$ bis 1 Stunde
VIII	Luther übersetzt das Neue Testament; er gründet eine Familie	Erzählung Überleitung zur Wiederholung	$\frac{1}{2}$ Stunde
IX	Wiederholung	Freiarbeit an einer Pflichtstation und vier Wahlstationen	1$\frac{1}{2}$ bis 2 Stunden

Martin Luther in der Grundschule

Der evangelische Religionsunterricht muss sich mit Martin Luther beschäftigen. Schließlich löste dieser die Reformation aus, die zur Ausbildung der evangelischen Kirchen führte. Eine ausführliche kirchengeschichtliche Unterrichtseinheit über Martin Luther und die Reformation sehen die Lehrpläne im Allgemeinen für die Sekundarstufe I vor. Dies ist sinnvoll, weil erst dann mit einem stärker ausgeprägten Geschichtsbewusstsein zu rechnen ist. Doch ist auch eine Behandlung des Themas in der Grundschule *sinnvoll* und *möglich:*

Sinnvoll ist die Behandlung, weil die Person Martin Luthers noch heute in vielfältiger Weise präsent ist. Vielleicht gibt es in der näheren Umgebung eine »Martin-Luther-Kirche« oder eine »Martin-Luther-Straße«, möglicherweise hängt in der Kirche ein Bild von Martin Luther. Auch ein Blick in die Luther-Übersetzung der Bibel kann den Kindern deutlich machen, dass diese Person heute noch wichtig ist.
Sinnvoll ist sie auch deswegen, weil mit der Person Martin Luthers die konfessionellen Unterschiede angesprochen sind. Diese begegnen den Kindern der Grundschule in vielfacher Weise. Sie erleben diese Unterschiede in der Schule, wo sie Mitschülerinnen und Mitschüler anderer Konfessionen kennen lernen; sie machen die Erfahrung, dass es einen katholischen und einen evangelischen Religionsunterricht gibt. Zu der Erfahrung der konfessionellen Verschiedenheit in der Schule kommt die Tatsache hinzu, dass die Zahl der konfessionsverschiedenen Ehen zunimmt. Kinder der Grundschule fragen: Wie kommt es, dass es evangelische und katholische Christen gibt?
Mit fortschreitender Säkularisierung kommt dem Religionsunterricht immer mehr die Aufgabe zu, den Kindern zumindest ansatzweise dazu zu helfen, mit der Kirche und ihrer Tradition vertraut zu werden. Dies gilt nicht zuletzt dort, wo der Religionsunterricht in der Grundschule konfessionell-kooperativ erteilt wird. Einen Beitrag hierzu leistet auch die Unterrichtseinheit über Martin Luther und die Reformation.

Das Thema »Martin Luther« in der Grundschule zu behandeln ist *möglich,* wenn der Schwerpunkt des Unterrichts in der Entfaltung eines Lebensbildes von Martin Luther liegt. Gerade Grundschulkinder – aber nicht nur sie – sind fasziniert von Personen und Ereignissen der Vergangenheit. Zum einen lockt sie das Fremde, Ferne, zum andern haben sie das Bedürfnis, sich mit Personen zu identifizieren bzw. sich von ihnen abzugrenzen. Voraussetzung dafür ist allerdings, dass die »behandelten« Personen Anknüpfungspunkte für die Erfahrungen der Schüler, ihre Ängste und Hoffnungen, ihre Sehnsucht und ihre Träume bieten.
Dies ist gerade bei Martin Luther in besonderem Maße der Fall:

1. Luthers Kindheit, seine Erfahrungen in Familie und Schule interessieren erfahrungsgemäß gerade Grundschulkinder, da sie Luthers Erfahrungen leicht zu ihren eigenen Erlebnissen in Beziehung setzen können. Grundschulkinder sind – auch wenn sie aus nicht intakten Familien kommen – an der Familie orientiert, sie leben in der familialen Phase.
2. Zu diesem Aspekt gehört auch Luthers eigenes Familienleben: seine Heirat, seine Kinder usw.

3. Der dritte Aspekt, den wir ansprechen, ist Luthers Mut. Gerade für Kinder der vierten Grundschulklasse ist dieser Gesichtspunkt wichtig: Kinder machen Erfahrungen mit eigenem Mut und eigener Feigheit, aber auch mit Feigheit und Mut bei Erwachsenen. Hier hat das Auftreten Martin Luthers vor dem Reichstag zu Worms, seine Haltung gegenüber Kaiser und Reich seinen Platz.
4. Luthers entscheidende Erfahrung der Gerechtigkeit Gottes, die dem Menschen voraussetzungslos geschenkt wird, kann durchaus an die Erfahrungen der Kinder anknüpfen, auch wenn dies nicht immer auf den ersten Blick zu erkennen ist. Der Lehrplan von Baden-Württemberg formuliert zu Luthers reformatorischer Erkenntnis: »Ich brauche vor Gott keine Angst zu haben; Gottes Liebe ist mir gewiss.« Was Angst und Liebe bedeuten, kennen Kinder aus ihren Erfahrungen. Das ist die Voraussetzung für die Erfahrung, dass Gott sie liebt. Luthers Glaube kann wesentlich durch das Stichwort »Vertrauen« umschrieben werden. Angst und Vertrauen, erfahrene oder ersehnte Liebe, die keine Vorbedingungen kennt, sind Grunderfahrungen im Leben der Grundschulkinder.

Hinweise zu den vorliegenden Materialien

Die hier vorgelegten Materialien bieten einerseits einen in sich geschlossenen Durchgang durch die Unterrichtseinheit Martin Luther an; die einzelnen Bausteine bauen logisch aufeinander auf. Dabei wechseln Bausteine, in denen die Sch in einem offenen Unterricht selbständig an Freiarbeitsmaterialien arbeiten können, mit Bausteinen ab, bei denen Erzählungen und das Unterrichtsgespräch im Mittelpunkt stehen.
Andererseits können die vorgelegten Materialien aber auch im gebundenen Unterricht eingesetzt werden. Dies gilt insbesondere im Blick auf die Erzählungen (Bausteine II, III, V, VI, VIII), die Stationen auf Luthers Lebensweg (Baustein IX,1) und das zusammenfassende Domino (Baustein IX,2).

Im Blick auf die genannten Anknüpfungspunkte, in denen es wesentlich um Identifikationsmöglichkeiten geht, können Freiarbeitsmaterialien nur bedingt einen Beitrag leisten. Hier behält das Erzählen seinen wichtigen Stellenwert. Dem tragen die hier vorgestellten Materialien dadurch Rechnung, dass gerade bei den angesprochenen Fragen Erzählungen geboten werden.
Die Erzählungen sind in einen einheitlichen Rahmen gefügt: der Sohn Luthers, Johannes (geb. am 7. Juni 1526), bittet seine Großmutter (Margarete Luther, gest. 1531; Hans Luther starb im Jahr 1530), ihm von seinem Vater zu erzählen. Dieses Element erleichtert es den Grundschulkindern, sich mit der Geschichte von Martin Luther zu befassen. Die Geschichte könnte kurz vor dem Tod von Margarete Luther im Jahr 1531 spielen, Johannes wäre also 5 Jahre alt.

Zum Umgang mit den Freiarbeitsmaterialien

(Bausteine I, IV, VII und IX)

Beim Arbeiten mit den Freiarbeitsmaterialien ist es wichtig, dass der Lehrer/die Lehrerin die jeweils benötigten Materialien sorgfältig vorbereitet und in genügender Anzahl zur Verfügung stellt.
In einigen Fällen (z.B. I,4 Aufgabe 4, Bastelvorlage Haus) wird man zur besseren Übersichtlichkeit die Kopiervorlagen jeweils im gleichen Prozentsatz vergrößern (z.B. von DIN A 4 auf DIN A 3: 141%).
Es empfiehlt sich, die Stationskarten und die Tischvorlagen der Arbeitsblätter (s.u.) entweder zu folieren oder sie in eine Prospekthülle zu geben.

1. Kopiervorlagen

Für jede Freiarbeitsstation werden folgende Kopiervorlagen angeboten:

a) Stationskarte

An jeder Station liegt eine Stationskarte aus; sie enthält die notwendigen sachlichen Informationen für die Sch sowie die Aufgaben, die sie zu erledigen haben. Auf den Arbeitsblät-

tern für die Sch (Schülerblätter) werden die Aufgaben noch einmal einzeln aufgeführt. Aus Gründen der Übersichtlichkeit empfiehlt es sich, die Stationskarten auf verschiedenfarbiges Papier zu kopieren. Eine andere Möglichkeit besteht darin, die einfarbige Stationskarte auf stärkeres farbiges Papier bzw. Karton zu kleben, so dass der Rand des farbigen Kartons sichtbar bleibt.
Bei allen Stationen von Baustein I (Zeit und Umwelt Luthers) wird aus Gründen der inhaltlichen Vertiefung des Dargebotenen das Abschreiben des Einführungstextes empfohlen.
In Baustein I sind die Stationskarten und Schülerblätter jeweils durch ein Signet (z.B. Bauer) gekennzeichnet, wodurch die Zuordnung der Materialien zu den einzelnen Stationen erleichtert wird.

b) Schülerblätter
Pro Aufgabe, die die Sch an einer Station zu bearbeiten haben, gibt es ein Arbeitsblatt (Schülerblatt). Diese Schülerblätter müssen jeweils in ausreichender Zahl an der Station bereit liegen. Es empfiehlt sich, von diesen Schülerblättern folierte Tischvorlagen als Muster herzustellen, die farblich mit den Stationskarten übereinstimmen.

c) Kontrollblätter
In Fällen, in denen es sinnvoll erscheint, den Sch ein Kontrollblatt zur Überprüfung ihrer Arbeit zur Verfügung zu stellen, bieten die vorliegenden Materialien eine entsprechende Kopiervorlage. Das Kontrollblatt kann auf die Rückseite der Tischvorlage des jeweiligen Aufgabenblattes kopiert werden. Eine andere Möglichkeit besteht darin, dass der Lehrer/die Lehrerin das Kontrollblatt bereit hält und auf Verlangen zur Verfügung stellt. Welche der beiden Möglichkeiten gewählt wird, hängt von der Situation der Klasse ab. Wird das Kontrollblatt nicht auf die Rückseite des Aufgabenblattes kopiert, sondern vom Lehrer/der Lehrerin bereit gehalten, empfiehlt es sich, dieses zu folieren oder in eine Prospekthülle zu geben.

d) Weitere Materialien
Zusätzlich zu den angebotenen Materialien können die Sch Sachbücher u.ä. mitbringen, in denen oft in sehr anschaulicher Weise Informationen über die Reformationszeit geboten werden. Einige dieser Sachbücher sind im Literaturverzeichnis unter der Rubrik »Literatur für die Hand des Schülers« ausgewiesen.

2. Aufbewahren der Materialien

Um die Materialien im Unterricht sofort und übersichtlich parat zu haben, empfiehlt sich ihre Aufbewahrung in Hängeordnern, wobei je Station ein Hängeordner zur Verfügung steht.

3. Unterrichtliche Schritte

In der Regel bieten sich bei der Bearbeitung der Freiarbeitsmaterialien folgende unterrichtliche Schritte an:

a) Vorstellung der Stationen

Zu Beginn einer Freiarbeitsphase werden die einzelnen Stationen der Klasse kurz vorgestellt.

b) Auswahl der Stationen

Die Sch wählen aus, mit welcher Station sie beginnen möchten. Wo dies notwendig erscheint, wird einzelnen Sch eine Aufgabe zugewiesen.

c) Bearbeitung der Aufgaben

Die Sch bearbeiten die Aufgaben an den einzelnen Stationen in Einzel- oder Partnerarbeit. In der Regel ist es sinnvoll, dass die Kinder alle Aufgaben des jeweiligen Bereiches bearbeiten, der Lehrer/die Lehrerin kann jedoch auch eine Auswahl treffen.

d) Auswertung

Am Ende einer Freiarbeitsphase werden die einzelnen Bereiche den Mitschülern vorgestellt, um so ein gemeinsames Basiswissen herzustellen. Jeweils ein/e Sch stellt das Ergebnis einer Station vor, andere, die dieselbe Station bearbeitet haben, ergänzen. Offene Fragen werden im UG geklärt.

4. Gestalten eines »Lutherbuches«

Für die gesamte Unterrichtseinheit wird die Gestaltung eines »Lutherbuches« empfohlen. Alle Arbeitsblätter und Texte der Sch werden hierfür gesammelt und gebunden. Die Gestaltung eines solchen Buches stellt erfahrungsgemäß einen Anreiz zum sorgfältigen Arbeiten dar.

Es bestehen mehrere Möglichkeiten zur Gestaltung eines solchen »Lutherbuches«:

- Jede/r Sch gestaltet für sich aus den Bereichen, die er/sie erarbeitet hat, sein eigenes Lutherbuch.
- Jeweils eine Gruppe von Sch gestaltet gemeinsam ihr Lutherbuch. In diesem Fall sollen die einzelnen Gruppen selbstverantwortlich darauf achten, dass sie möglichst viele der angebotenen Stationen bearbeiten.
- Die Klasse gestaltet gemeinsam ein Lutherbuch.

Fachwissenschaftliche Hinweise[1]

1. Die Zeit Martin Luthers – eine Zeit des Umbruchs (Hinweise zu Baustein I)

Auch wenn bei Grundschulkindern noch kein ausgeprägtes historisches Bewusstsein vorausgesetzt werden kann, so ist es durchaus sinnvoll, ihnen in kindgemäßer Weise aufzuzeigen, welche Zeitumstände damals herrschten und welche Faktoren die soziale, wirtschaftliche und religiöse Lage bestimmten. Lebensumstände von Menschen aus fernen Zeiten erregen das Interesse und beschäftigen die Phantasie von Kindern der 4. Klasse. Im Folgenden werden Zusammenhänge aufgezeigt, die Grundschulkindern nur ansatzweise vermittelt werden können, die aber bei den Lehrkräften präsent sein sollten.

a) Entdeckungen und Erfindungen

Die Entdeckungen und Erfindungen des ausgehenden Mittelalters bewirkten ein neues Lebensgefühl. Man hatte den Eindruck, in einer Zeit größter Umwälzungen zu leben. »O Jahrhundert! O Wissenschaften! Es ist eine Lust zu leben«, ruft der Humanist Ulrich von Hutten aus. Die Reformation wurde von dieser Aufbruchstimmung in den Anfangsjahren stark getragen.

Der Domherr Nikolaus Kopernikus aus Thorn (1473–1543) stellte die These auf, dass die Erde nicht der Mittelpunkt der Welt sei, sondern ein Planet wie andere auch. Damit löste er das bisher maßgeblich geltende geozentrische Weltbild ab. Martin Luther lehnte – wie die mittelalterliche Kirche – Kopernikus und seine Entdeckung ab. Allerdings gibt es von ihm nur *eine* spontane kritische Äußerung in seinen Tischreden, wo er auf Josua 10,13 verweist. Dort heißt es, dass die Sonne und der Mond in ihrem Weg um die Erde stehen blieben. Dieser Aspekt des neuen Weltbildes ist für das Lebensgefühl der Menschen in der Reformationszeit und danach wichtig, bleibt aber in den vorliegenden Schülermaterialien unberücksichtigt. Dagegen werden die folgenden Entdeckungen und Erfindungen im Baustein I berücksichtigt. Sie bieten Sachverhalte, die gerade bei Sch der 4. Klasse, die bereits stark an Realien interessiert sind, auf großes Interesse stoßen.

1492 stieß Christoph Kolumbus bei seinem Versuch, auf dem Seeweg Indien zu erreichen, auf einen völlig neuen Kontinent, der später Amerika genannt wurde. Davon profitierten zunächst vor allem Spanien und Portugal, später auch Holland und England. Auch deutsche Handelshäuser wie die Augsburger Welser, beteiligten sich am Überseehandel. So wurden zum einen immense Reichtümer an Edelmetallen zusammengerafft und nach Europa verschickt, zum andern entstanden neue gewinnbringende Handelswege.

Die Erfindung der Buchdruckerkunst durch Johannes Gänsfleisch (genannt Gutenberg) brachte einen revolutionären Wandel in der Informationsvermittlung und hatte so eine wichtige Bedeutung für die Reformation. Erst sie ermöglichte es, dass die Anliegen der

1 Die Ausführungen folgen in Teilen: Bernd Moeller, Deutschland im Zeitalter der Reformation, Göttingen, 3. Auflage 1988.

Reformation z.B. durch Flugschriften weit über Wittenberg hinaus bekannt wurden. Gutenbergs Entdeckung vermochte es auch, Luthers Bibelübersetzung in die deutsche Sprache in hohen Auflagen und zu erschwinglichen Preisen zu verbreiten.

Eine Revolution der Militärtechnik bedeutete die Erfindung des Schießpulvers im Abendland. In China war es schon lange Zeit zuvor erfunden worden, wurde aber dort vor allem für die grandiosen Feuerwerke im Reich der Mitte verwendet. Aufgrund dieser neuen Militärtechnik verloren ummauerte Burgen und Städte immer mehr ihre Bedeutung als Orte der Sicherheit. Außerdem ging die Bedeutung des Rittertums zurück; es begann die Zeit der Söldnerheere.

b) Die politische Situation in Deutschland

Der Zustand des »Heiligen Römischen Reiches Deutscher Nation« war beklagenswert. Die eigentlichen Machthaber in Deutschland waren die Fürsten und Magistrate, nicht aber die Zentralgewalt des deutschen Kaisers. Dieser hatte kein stehendes Heer wie der französische König; er litt unter chronischem Geldmangel, weil er nicht mit nennenswerten festen Einkünften im Reich rechnen konnte. 1519 konnte der Habsburger Karl nur mit den finanziellen Mitteln des Hauses Fugger Kaiser werden. Für seine Feldzüge war der Kaiser immer auf die großen Bankhäuser angewiesen. Immer wieder wurde versucht, eine Reichsreform durchzusetzen. So wurde z.B. die Institution des Reichstags, der in der Reformationsgeschichte eine wichtige Rolle spielte, zum maßgeblichen Organ des Reiches. Doch alle Reformbemühungen konnten an der grundlegenden Schwäche des Reiches nichts ändern. Dies war zweifellos ein Vorteil für die sich rasch ausbreitende Reformation. In den zwanziger Jahren des 16. Jahrhunderts etwa war Kaiser Karl V. so sehr mit Auseinandersetzungen mit Franzosen und dem Papst sowie den Türken beschäftigt, dass er sich den deutschen Angelegenheiten nur marginal widmen konnte.

Das deutsche Reich war in viele große und kleine Herrschaften aufgeteilt, in weltliche und geistliche Kurfürstentümer wie Sachsen bzw. Mainz, in Herzogtümer wie Württemberg und Braunschweig-Lüneburg und in eine Reihe von sehr bedeutenden Freien Reichsstädten wie z.B. Augsburg, Nürnberg und Ulm. Vielfach versuchten gerade die Städte, sich vom Einfluss der Kirche frei zu machen. Darum hatte die Reformation häufig in den Städten Erfolg. Die starke Stellung der Territorien begünstigte ab 1521 die Ausbreitung der Reformation gegen den Kaiser, der am katholischen Glauben festhielt.
Die bedeutendsten Zentren Deutschlands um 1500 waren die Städte. »Gewerbe und Handel, Wohlstand und Kultur, Kunst und Bildung« hatten hier ihren Sitz. »Hier war das Geld zu finden, hier wurden Kirchen und Rathäuser gebaut und Baumeister, Maler und Bildschnitzer beherbergt und beschäftigt, hier wurden die Bücher ausgedacht und hergestellt«.[2]

c) Die sozialen Verhältnisse in Deutschland

Die Sozialordnung des Mittelalters zeigte eine ständische Gliederung. Dem Adel, der an der Spitze der Ständeordnung stand, gehörte um 1500 ca. 50% des gesamten Grundbesitzes in Deutschland. Die Bedeutung des Rittertums nahm freilich eher ab. Neue Einrichtungen

2 Moeller S. 25.

verdrängten es aus seinen traditionellen Aufgaben. An die Stelle der Ritterheere traten – u.a. aufgrund der neuen Waffentechnik – die Söldnerheere.
Viele Reichsritter waren in wirtschaftliche Not geraten. Von der Einführung der Reformation erhofften sie sich eine Stärkung ihrer Position, weshalb Luther unter den Rittern viel Unterstützung erfuhr. So bot der Ritter Franz von Sickingen 1520 Luther seine Burg als Zufluchtsort an. Im Zusammenhang mit der Erhebung von Reichsrittern gegen das katholische Trier fiel Franz von Sickingen 1523 im Kampf.

Deutschland war um 1500 ein Agrarland; mindestens 90% der Bevölkerung lebten auf dem Land. Die Bauern waren zum größten Teil Analphabeten und deshalb, wenn sie irgendein Rechtsgeschäft zu erledigen hatten, auf fremde Hilfe angewiesen. Ihre soziale und wirtschaftliche Situation konnte je nach der Gegend, in der sie lebten, höchst unterschiedlich sein. Eine starke Position hatten freie Bauern etwa an der Nordseeküste und in Westfalen. Anderswo war die starke Abhängigkeit der Bauern von der Grundherrschaft bestimmend, hohe Abgaben und Fron waren die Folge. In Süddeutschland war die Leibeigenschaft weit verbreitet. Die Abgaben konnten etwa in Oberschwaben 30 bis 50% der Ernteerträge aufzehren. Unmittelbar nach 1500 gab es vereinzelt lokale Aufstände von Bauern; erst 1524/1525 sollte es dann zum Bauernkrieg kommen, der sich vor allem in Süddeutschland und in Mitteldeutschland über weite Landstriche ausbreitete. Die Freiheitsbotschaft der Reformation – 1520 war Luthers Schrift »Von der Freiheit eines Christenmenschen« erschienen – wurde von den unterdrückten Bauern unmittelbar politisch verstanden und beflügelte sie in ihrem Kampf gegen die Grundherrschaft. Luther hatte zunächst durchaus Sympathien für die Anliegen der Bauern und ermahnte die Fürsten zum Einlenken. Allerdings wehrte er sich dagegen, dass man seine Botschaft »von der Freiheit eines Christenmenschen« zur Durchsetzung politischer Forderungen verwandte. Als Luther dann sah, dass die Bauern Gewalt zur Durchsetzung ihrer Forderungen anwandten, veröffentlichte er 1525 seine Schrift »Wider die räuberischen und mörderischen Rotten der Bauern«. Luthers eindeutige Parteinahme im Bauernkrieg für die Fürsten hatte zur Folge, dass er als »Fürstenknecht« verschrien wurde.

Ein großes Gefälle herrschte zwischen Stadt und Land. So gab es in der Stadt im Unterschied zum Land eine Ratsverfassung. In der Stadt gab es eine Fülle von handwerklichen Berufen. Die Zünfte als Zwangsverbände der Handwerker überwachten den Arbeitsmarkt und die Produktion.
Große Unterschiede zwischen Stadt und Land zeigten sich auch auf dem Gebiet der Bildung. Auf dem Land gab es kaum Schulen. Sie lagen nahezu alle in den Städten. In den um 1500 in den Städten verbreiteten »Lateinschulen« wurde der gesamte Unterricht in Latein, der Sprache der Gelehrten, erteilt. Inhalte waren – beeinflusst von den Humanisten – antike, aber auch kirchliche und religiöse Sachverhalte. Hier in den Städten wurde ein erheblicher Teil der Bücher nach dem Buchdruckverfahren von Johannes Gutenberg produziert und gelesen. Wie viele Leser es gab, weiß man nicht genau. Schätzungen gehen von etwa 150 000 bis 400 000 Lesern aus, das sind 3 bis 4% der Bevölkerung; ein Drittel davon waren Bürger.
Luthers Schulbildung und sein späteres Studium an der Universität Erfurt hatten in seinem Werdegang einen hohen Stellenwert. Aber auch für die Verbreitung der Reformation mit ihrer Konzentration auf das Wort war Bildung ein wesentliches Element. Martin Luther gab für die Verbesserung des Schul- und Bildungswesens starke Impulse.

d) Die religiöse Lage

Johan Huizinga hat das Spätmittelalter als »Herbst des Mittelalters« bezeichnet: Wie der Herbst eine Zeit der reifen Fülle, aber auch des Zu-Ende-Gehens ist, so hat auch das Spätmittelalter zwei Gesichter. Auf der einen Seite zeigt sich ein reiches religiöses Leben. Auf der anderen Seite werden in Theologie, Frömmigkeit und Kirche Zerfallserscheinungen sichtbar, die nicht mehr bewältigt werden konnten.

Das reiche religiöse Leben zeigte sich in vielen Phänomenen: Zahlreiche Kirchen wurden neu erbaut oder umgebaut. Bilder und Holzschnitzereien in den Kirchen waren von höchstem Niveau. Spitäler wurden gegründet, Bruderschaften zur Pflege frommer Stiftungen entstanden. Heiligenverehrung und Reliquienkult standen hoch im Kurs. Neue Wallfahrtsstätten wurden eingerichtet.

Der Ablasshandel blühte, d.h. die Gläubigen machten eifrig Gebrauch von der Möglichkeit, den Nachlass zeitlicher Sündenstrafen durch entsprechende Bußleistung zu erhalten. Solche Bußleistungen wie z.B. eine Wallfahrt nach Rom konnten im Spätmittelalter in eine Geldbuße umgewandelt werden. Die verheerenden pastoralen Folgen dieser Praktiken freilich ließen Martin Luther 1517 zur Tat schreiten.

Gerade in dieser Zeit des Umbruchs fiel das kirchliche Angebot der Vermittlung der göttlichen Gnade auf fruchtbaren Boden. Der junge Martin Luther teilte mit vielen seiner Zeitgenossen die Hoffnung, durch die Vermittlung der Kirche zum Heil zu gelangen. Seine mit großem Ernst geführte Suche nach einem sicheren Weg, von Gott nicht verworfen zu werden, führte ihn schließlich ins Kloster.

Besorgniserregend war für viele Christen der Zustand der kirchlichen Hierarchie. Weil die Kirche in Rom große Geldmittel benötigte, um ihre Herrschaftsansprüche ausweiten zu können, war vieles in der Kirche »käuflich« geworden.

Bei der Besetzung hoher kirchliche Ämter zählten weniger geistliche Qualitäten der Kandidaten als verwandtschaftliche Beziehungen (»Nepotismus«), adlige Herkunft und die Zahlung großer Geldsummen (»Simonie«). Die Päpste lebten vielfach wie andere Renaissancefürsten. Sie kümmerten sich vornehmlich um die Verwaltung des Kirchenstaates und die Versorgung ihrer Verwandten. Ein besonders abschreckendes Beispiel bot Alexander VI. Borgia, Papst von 1492 bis 1503, der Vater von Lucretia Borgia.

Viele Gläubige beklagten nicht zuletzt die Verrechtlichung und Dekadenz der Amtskirche. In der Kirche sahen viele nur noch eine aufgeblähte Verwaltung, die Geld zu beschaffen hatte. Neben dem für viele besonders ärgerlichen Ablasshandel schien auch das ausgebaute kirchliche Rechts- und Prozesswesen dem Zweck der Geldbeschaffung zu dienen. Beklagt wurden auch die Missstände in der Priesterschaft. Besonders der zahlreiche niedere Klerus war zu einer Art geistlichem Proletariat herabgesunken. Er war ungebildet – erst das Konzil von Trient bemühte sich um eine bessere Ausbildung der Priester – und schlecht bezahlt. Durch »Messelesen« (für die Seelen der Verstorbenen) mussten viele ihr Leben fristen. Die geforderte Ehelosigkeit, der Zölibat, verursachte besondere Schwierigkeiten. Vielfach duldete die Kirche das Zusammenleben eines Klerikers mit einer Frau, wenn dafür eine Gebühr bezahlt wurde.

Luther begegnete den Missständen in der Kirche vor allem auf seiner Romreise (1511); die dort gemachten Erfahrungen ließen ihn aber nicht an seiner Kirche irre werden; er deutete das in Rom Gesehene als das Versagen einzelner Glieder der Kirche.

Die Missstände im Spätmittelalter hatten einen lauten Ruf nach Reformen der Kirche an Haupt und Gliedern zur Folge. Einzelne Universitätstheologen, Bischöfe und Geistliche forderten eine Besserung der unhaltbaren Zustände in der Kirche. Bekannt geworden sind einzelne Männer, die man als Vorreformatoren bezeichnet hat. *John Wiclif* (1328–1384), Theologieprofessor in Oxford, maß den einzelnen Menschen und die kirchlichen Zustände an der Bibel. Gemessen an diesem Maßstab durfte die Kirche keinen großen Besitz haben und keine weltliche Herrschaft ausüben. Die Priester sollten ohne Besitz und ehelos leben. Ihre Aufgabe wurde nach Matthäus 10 in der Predigt gesehen. Wiclif wurde von der Universität Oxford ausgeschlossen. Er konnte jedoch bis zu seinem Tod in seiner Pfarrei leben. Seine Kritik an der päpstlichen Machtentfaltung traf nicht zuletzt bei den englischen Königen auf Resonanz.
Der böhmische Universitätslehrer und Prediger von Prag, *Johannes Hus* (um 1370–1415) war von Wiclif beeinflusst. Seine Anschauungen verbreiteten sich zunächst an der Universität und dann in der Prager Bevölkerung. Das Volk hielt zu ihm, auch als er vom Papst gebannt wurde. 1415 wurde er auf dem Konzil von Konstanz verurteilt und auf dem Scheiterhaufen verbrannt, obwohl ihm freies Geleit zugesichert worden war. Die Anhänger von Hus erhoben sich in Böhmen gegen den Kaiser und die katholische Kirche. Sie forderten die Rückkehr der Priester zur Armut der Apostel sowie den Laienkelch (in der mittelalterlichen Kirche erhielten Laien, wie heute noch meist in der römisch-katholischen Kirche, nur die Hostie; der Kelch war dem Priester vorbehalten). Bei der Leipziger Disputation von 1519 rückte Johannes Eck Luther in die Nähe von Hus. Luther fühlte sich davon nicht getroffen, sagte aber im Gegenzug, unter den vom Konstanzer Konzil verurteilten Artikeln von Hus seien viele christlich und evangelisch gewesen.
Weiter sind hier auch die Reformkonzilien wie das von Basel (1431–1449) zu nennen. Sie konnten sich jedoch mit ihrer Forderung nach der Überordnung des Konzils über den Papst nicht durchsetzen. Der Ruf nach einem neuen Reformkonzil war eine der ständigen Forderungen Luthers und seiner Anhänger. Man hoffte, ein solches Konzil könne die Kirche im Sinne Luthers an Haupt und Gliedern reformieren und so die Einheit der Kirche erhalten. Als dann schließlich 1545 das Konzil von Trient zusammentrat, war die Trennung der Kirche in Konfessionen bereits so weit fortgeschritten, dass die Wiederherstellung der Einheit kein erreichbares Ziel des Konzils mehr sein konnte.

Zu den Reformern kann man auch die Humanisten zählen. Der Humanismus war eine große Bildungsbewegung im Zusammenhang mit der italienischen Renaissance. Er verbreitete sich im 15. Jahrhundert auch in Deutschland. Einer der bedeutendsten Vertreter des Humanismus, Erasmus von Rotterdam, lehnte die mittelalterliche Kirche allerdings keineswegs ab; er setzte sich freilich für Reformen ein und fand dafür bei den Intellektuellen durchaus Rückhalt. Die sog. Dunkelmännerbriefe, verfasst von einem Erfurter Humanisten, jedoch anonym erschienen, formulierten eine beißende Kritik an der Dummheit, Sittenlosigkeit, Durchtriebenheit von vielen Theologen und Kirchenmännern. Nicht zuletzt wurde deren – gemessen an den antiken Vorbildern – katastrophal schlechtes Latein verulkt. Weniger Luther als andere Reformatoren wie der Zürcher Huldrych Zwingli und der Straßburger Martin Bucer standen unter dem Einfluss des Erasmus von Rotterdam. Einige der Mitarbeiter Luthers kamen aus dem Humanismus; der bekannteste unter ihnen war Philipp Melanchthon aus Bretten. Erasmus selbst stellte Martin Luther mit seiner griechischen Ausgabe des Neuen Testaments eine unschätzbare Grundlage für seine Bibelübersetzung zur Verfügung.

Die hier genannten Zeitumstände, die vielfach Züge des Umbruchs, ja der Krise trugen, nahmen großen Einfluss auf den Gang der Reformationsgeschichte und begünstigten deren Ausbreitung sehr.
Man kann den Erfolg der Reformation jedoch aus den Zeitumständen allein nicht hinreichend erklären.
Der entscheidende Grund für die Reformation war vielmehr das angefochtene Gewissen des Mönchs Martin Luther, der an dem Versuch scheiterte, Gott durch religiöse Leistung zu gefallen. Dieses Scheitern und die Erkenntnis, dass Gott alles, was er fordert, selbst schenkt, ist der eigentliche Auslöser der Reformation. Für Luther ging es deshalb nie zuerst um Strukturfragen in der Kirche, sondern um den Kern ihrer Botschaft: allein das Evangelium von der Gerechtigkeit, die aus dem Glauben an Jesus Christus kommt, macht die Kirche zu dem, was sie ist.

2. Zu Person und Werk Martin Luthers (Hinweise zu den Bausteinen II–VIII)

Die Bausteine II bis VIII zeigen die Entwicklung Luthers zum Reformator bis zur Heirat mit Katharina von Bora. Wesentliche Inhalte sind seine reformatorische Erkenntnis, der Ablassstreit, der Reichstag in Worms, sowie Luthers Aufenthalt auf der Wartburg und die Übersetzung des NT aus der griechischen Ursprache in verständliches Deutsch.
Das Wort »Reformation« weist auf die eigentliche Absicht Martin Luthers und der anderen Reformatoren hin. Sie wollten keine neue Kirche gründen. Auch ihre Lehre hielten sie nicht für neu, sondern für die alte, wahrhaft christliche Lehre gegenüber den Neuerungen des mittelalterlichen Papsttums. Sie hofften und arbeiteten für eine Reform der gesamten Kirche.
1505 in den strengen Orden der Augustinereremiten eingetreten, machte der Bergmannssohn Martin Luther schnell »Karriere«. Er wurde zum Priester geweiht, studierte Theologie, wurde Theologieprofessor in Wittenberg und bekleidete auch das hohe Amt des Distriktvikars in seinem Orden. Als Professor lehrte Luther zunächst das, was er selbst gelernt hatte: Trotz des Sündenfalls kann der Mensch das Gute tun. Wenn der Mensch tut, was in seinen Kräften ist, also fromme Leistungen bzw. gute Werke erbringt wie Beten, Fasten, Almosengeben, und ansonsten dem Gnadenangebot der Kirche vertraut, kann er das Heil erringen. Doch Luther fand auf die Dauer bei dieser Lehre keine Ruhe. Er wusste nie, ob er wirklich vor Gott bestehen konnte. Die entscheidende und für ihn befreiende Erkenntnis fand Luther in der Heiligen Schrift. Er erkannte, dass der biblische Begriff der Gerechtigkeit Gottes sich nicht auf einen richtenden Gott bezieht, der die Guten belohnt und die Bösen bestraft, sondern auf den barmherzigen Gott, der den Sünder aufgrund seines Glaubens annimmt. »Gerechtigkeit Gottes« verstand Luther nun nicht mehr als die Gerechtigkeit, die Gott fordert, sondern die Gott gibt. Die Botschaft von der Rechtfertigung des Menschen *allein aus Gnade (= sola gratia), allein aus Glauben (= sola fide)* wurde zum Zentrum reformatorischer Predigt. Die »guten Werke« sind nicht mehr Voraussetzung der Rechtfertigung, sondern ihre Folge. Wann Luther zu dieser neuen Erkenntnis kam, ist stark umstritten. Genannt wird der Zeitraum zwischen 1514 und 1518.
Einer breiteren Öffentlichkeit wurde Luther freilich erst durch den Ablassstreit bekannt, bei dem er nicht nur die Missbräuche des Ablasswesens angriff, sondern den Ablass prinzipiell in Frage stellte. Luther wollte eigentlich eine Disputation über die dogmatisch noch nicht genau festgelegte Ablasslehre anregen; dafür hatte er 95 Thesen formuliert. Doch zu dieser Disputation kam es nicht. Vielmehr durchliefen die Thesen, schnell vom Latei-

nischen ins Deutsche übersetzt, in Windeseile Deutschland und stießen auf begeisterte Zustimmung bei vielen ernsthaften Christen. Schon 1518 wurde Luther in Rom wegen des Verdachts der Ketzerei angezeigt. Ein von Luthers Landesherr, Kurfürst Friedrich dem Weisen von Sachsen ermöglichtes Verhör durch den päpstlichen Gesandten Cajetan in Augsburg blieb ohne Ergebnis. Die Leipziger Disputation von 1519 zwischen Luther und dem Ingolstädter Theologieprofessor Johannes Eck zeigte, dass es Luther nicht nur um die Abstellung einiger Missbräuche ging. Luther bestritt die Heilsnotwendigkeit des päpstlichen Primats und die Irrtumslosigkeit der Konzilien und stellte damit die Grundlagen der mittelalterlichen Kirche in Frage. Letzte Norm für die Lehre und Ordnung der Kirche war für ihn nur noch die heilige Schrift (*»sola scriptura«*). Im Sommer 1520 kehrte Eck mit der Bannandrohungsbulle aus Rom nach Deutschland zurück. Am 10. Dezember verbrannte Luther vor dem Elstertor in Wittenberg in Anwesenheit vieler Studenten die päpstliche Bulle. Am 3. Januar 1521 wurde Luther endgültig durch den Bann exkommuniziert. Dem Bann folgte 1521 die Reichsacht durch den in Worms versammelten Reichstag (Wormser Edikt). Luther war zu diesem Reichstag geladen worden, um zu widerrufen. Unter Berufung auf die heilige Schrift und sein Gewissen hatte er den Widerruf verweigert. Zum Schein ließ ihn daraufhin auf der Heimreise sein Kurfürst, Friedrich der Weise, überfallen und für einige Monate auf der Wartburg bei Eisenach in Sicherheit bringen. Am 4. Mai 1521 war Luther auf die Wartburg gekommen, dort lebte er, um unerkannt zu bleiben, unter dem Namen Junker (Ritter) Jörg. Seine zahlreichen Briefe von dort zeigen, dass er am Ritterleben wenig Gefallen fand, die Zeit jedoch für intensive Studien nutzte. Das bekannteste Ergebnis seiner Arbeit auf der Wartburg ist die Übersetzung des Neuen Testaments, das »Septembertestament«, so genannt, weil es im September 1522 erschien. Innerhalb von elf Wochen hatte Luther das NT in eine verständliche deutsche Sprache übersetzt. Grundlage war dabei – und das unterscheidet Luthers Bibelübersetzung von den bis dahin erschienenen deutschen Bibeln – die griechische Ursprache und nicht die damals übliche lateinische Bibel. Später hat Luther (in seinem Sendbrief vom Dolmetschen, 1530) als Grundsatz seiner Übersetzung formuliert, dass man den Leuten »aufs Maul schauen« müsse. Der überwältigende Erfolg seiner Bibelübersetzung gab ihm recht. Damit hatte Luther die Voraussetzung dafür geschaffen, dass alle Christen die befreiende Botschaft der Bibel lesen konnten und die Möglichkeit hatten – wie er selbst –, Gott als den zu erkennen, der sich in Jesus den Menschen bedingungslos zuwendet.

Das Wormser Edikt ließ sich in den zwanziger Jahren nicht durchführen. Vielmehr beschlossen immer mehr Territorien, Fürstentümer und Reichsstädte, ihre Länder im lutherischen Sinn zu reformieren. Dazu zählten Sachsen, Hessen und die Reichsstädte Augsburg und Nürnberg. Auch der Bauernkrieg konnte die Fortführung der Reformation nicht aufhalten. Luthers Schriften gegen die aufrührerischen Bauern hatten freilich tiefgreifende Konsequenzen. Luther verlor sein Ansehen bei den Bauern und wurde gleichzeitig von vielen Fürsten der geistigen Urheberschaft des Bauernkriegs verdächtigt.

Mitten in den Wirren des Bauernkriegs heiratete Martin Luther die ehemalige Nonne Katharina von Bora. Damit zog er auch persönlich die Konsequenz aus seinen Erkenntnissen über das Mönchtum. Seine Angriffe gegen das Mönchtum richteten sich weniger gegen die auch sonst kritisierten Missstände, sein Angriff war vielmehr grundsätzlicher Natur und gründete in seiner Rechtfertigungslehre: Er hatte das Mönchsein als Versuch erlebt, sich durch menschliches Tun Gottes Gerechtigkeit zu erwerben; darin eingeschlossen war die Vorstellung, dass der mönchische Weg der sichere und bessere Weg zum Heil sei. Diese Unterscheidung zwischen normalen Christen und besseren Christen lehnte Luther ab. Er

setzte dagegen, dass jeder Mensch »in seinem Beruf und Stand« ein Leben zur Ehre Gottes führen könne. Konkret hieß dies, dass der von Gott eingesetzte Ehestand eher dem Willen Gottes entsprach als der von Menschen erdachte Zölibat.
Dem Ehepaar Luther wurden fünf Kinder geboren. Der Tod seiner Tochter Magdalene (Lenchen), die mit 13 Jahren starb, hat Luther in tiefe Trauer gestürzt.
Luthers Ehefrau führte ein offenes Haus; ständig waren Freunde aus nah und fern im Hause Luther zu Gast. Ohne das energische Regiment von Luthers »Herr Käthe« hätte er sein immenses Arbeitspensum nicht bewältigen können.
Im Hause Luther herrschte die damals übliche Rollen- und Arbeitsteilung. Luther sagt einmal: »Gott hat es gut mit mir gemeint, dass er mir ein solches Weib gab, das für das Hauswesen sorgt, so dass ich nicht gezwungen bin, das auch noch auf mich zu nehmen« (TR 1,154, Dezember 1531/Januar 1532).

Literatur

Für die Hand des Lehrers

Moeller, Bernd: Deutschland im Zeitalter der Reformation, Vandenhoeck & Ruprecht: Göttingen, 3. Auflage 1988

Lilje, Hanns: Martin Luther. Eine Bildmonographie. Rowohlt: Hamburg, 20. Auflage 1997

Zitelmann, Arnulf: Widerrufen kann ich nicht, Die Lebensgeschichte des Martin Luther. Beltz und Gelberg: Weinheim und Basel, 9. Auflage 1996

Fausel, Heinrich: D. Martin Luther. Sein Leben und Werk, 2 Bände. Hänssler: Neuhausen-Stuttgart, 2. Auflage 1996

Brecht, Martin: Martin Luther. Bände 1–3. Calwer: Stuttgart 1981 ff.

Friedenthal, Richard: Luther. Sein Leben und seine Zeit. Piper: München, 9. Auflage 1997

Gutschera, Herbert/Schuchardt, Friedemann/Thierfelder, Jörg: Wir sind Bettler, Textheft zur Tonbildserie. Calwer: Stuttgart 1982

Stupperich, Robert: Die Reformation in Deutschland. dtv Monographien zur Weltgeschichte Nr. 3202: München 1972

Wertz, Rolf: Das Kloster, Bastel- und Kopiervorlagen. Calwer: Stuttgart 1998

Für die Hand des Schülers

Gravett, Christopher: Burgen. Vom Leben in den beeindruckenden Festungen des Mittelalters. Gerstenberg: Hildesheim 1994 (Reihe Sehen – Staunen – Wissen)

Kock, Hauke: Von Rittern und Burgen. Carlsen: Hamburg

Stephan-Kühn, Freya: Viel Spaß im Mittelalter. Arena: Würzburg, 4. Auflage 1997

Köthe, Rainer: Entdecker und ihre Reisen. Tessloff: Nürnberg, 8. Auflage 1997 (Reihe Was ist das)

Grant, Morter: Bildatlas der Entdeckungen. Bechtermünz: Augsburg 1997 (Reihe Entdecken – Vergleichen – Wissen erweitern)

Delf, Brian: Bildatlas der Welt. Bechtermünz: Augsburg 1997 (Reihe Entdecken – Vergleichen – Wissen erweitern)

Steinwede, Dietrich: Reformation, Martin Luther. Ein Sachbilderbuch zur Kirchengeschichte. Kaufmann: Lahr/Freiburg 1983

Baustein I
Die Zeit Martin Luthers – eine Zeit des Umbruchs

Freiarbeit an sieben Stationen

Methodisch-didaktische Überlegungen

Dieser Baustein ist als Einstieg in die UE gedacht. Er bietet an sieben Stationen Freiarbeitsmaterialien an, aus denen die Sch mindestens eine Station auswählen und bearbeiten.
Ziel dieses Bausteins ist es, Kindern verschiedene Bereiche der damaligen Lebens- und Erfahrungswelt vorzustellen und sie an einzelnen Punkten zu vertiefen.
Es sollte darauf geachtet werden, dass möglichst alle Bereiche bearbeitet werden. Am Schluss können die Kinder einander ihre verschiedenen Schwerpunkte vorstellen, so dass dann das ganze Spektrum abgedeckt ist.
Für die Vertiefung werden verschiedene Zugänge angeboten. Meist werden auch eigene Erfahrungen der Kinder erfragt oder kreative Gestaltungsmöglichkeiten gefördert.
Die unterschiedlichen Anforderungen der einzelnen Stationen sind dazu geeignet, dem unterschiedlichen Leistungsvermögen der Sch Rechnung zu tragen.

1. Entdeckungen
Durch die Entdeckungen, z.B. die Entdeckung Amerikas durch Christoph Kolumbus, erweiterte sich das Weltbild der Menschen um 1500.

Die Sch haben an dieser Station folgende Aufgaben zu erledigen:
1. Sie schreiben den Text ab.
2. Sie zeichnen in eine vorgegebene Weltkarte die Reisen von Christoph Kolumbus und Vasco da Gama ein.
3. Sie malen ein Segelschiff an oder zeichnen ein eigenes Bild.
4. Sie beschriften vier vorgegebene Waren, die man damals in Europa nicht kannte (Kartoffel, Mais, Ananas, Tabak). Die verschiedenen Waren können zur Veranschaulichung auch bereitgelegt werden.
5. Die Sch erhalten verschiedene Bücher, aus denen sie Interessantes über Entdeckungen erfahren können.

Folgende Literatur wird hierfür empfohlen: Rainer Köthe: Entdecker und ihre Reisen; Morter Grant: Bildatlas der Entdeckungen; Brian Delf: Bildatlas der Welt, oder ähnliche Bücher, die in der Schülerbücherei vorhanden sind.

2. Die Erfindung des Buchdrucks
Hier lernen die Kinder, wie die Erfindung des Buchdrucks eine der Voraussetzungen für die Verbreitung der reformatorischen Gedanken war.

Die Sch haben an dieser Station folgende Aufgaben zu erledigen:
1. Sie schreiben den Text ab.
2. Sie malen die Anfangsbuchstaben an.
3. Die Sch betrachten das Bild einer Druckerwerkstatt, beschriften es und malen es an. Das Bild nach einem Holzschnitt von Jost Amann zeigt eine Druckerei im Mittelalter. Hinten an den Fenstern nehmen die »Setzer« die aus Blei gegossenen Buchstaben aus den Setzkästen. In der Fensternische prüfen zwei Personen die Seiten nach einer Druckprobe auf Fehler. Vorne sind zwei Druckpressen zu sehen. Rechts trägt ein Mann die Farbe auf, der andere nimmt den eben fertig gewordenen Druckbogen heraus. Links wird gerade gedruckt.
4. Wenn ein Stempelkasten oder eine Schuldruckerei zur Verfügung steht, können die Sch als vierte Aufgabe einen kleinen Text drucken. Ein stark verkleinertes Modell von Gutenbergs Druckerpresse (s. Abbildung), mit dem ein kleiner Text gedruckt werden kann, kann bezogen werden bei: Verlag Tübinger Chronik, August-Bebel-Straße 9, 72072 Tübingen. Stehen weder Druckerpresse noch Stempelkasten zur Verfügung, so muss Aufgabe 4 entfallen.

3. Das Leben in den Städten
An dieser Station erfahren die Sch etwas über die Bewohner der Städte sowie über den Bergbau der damaligen Zeit.

Die Sch haben an dieser Station folgende Aufgaben zu erledigen:
1. Sie schreiben den Text ab.
2. Sie finden aus dem Bild einer mittelalterlichen Stadt neun Dinge heraus, die es damals noch nicht gab: Satellitenschüssel, Kran, Hochhaus, Hubschrauber, Auto, moderne Kleidung, Telefonzelle, Schnellrestaurant, elektrische Straßenlampe.
3. Die Sch betrachten das Bild eines mittelalterlichen Bergwerkes und schreiben auf, was sie erkennen. Das Bild zeigt einen Ausschnitt vom Annaberger Bergaltar, der 1521 von Hans Hesse geschaffen wurde. Es zeigt die Gewinnung des Erzes. In der unteren Bildhäfte (Mitte) erkennt man den Eingang zur Erzgrube. Davor wird die Zerkleinerung der Erzbrocken dargestellt, ein Mann mit Schubkarre (links) bringt die zerkleinerten Erzstücke zur Verhüttung. Auf der rechten Seite werden die Erzbrocken mittels einer Seilwinde durch einen Schacht in einem Korb nach oben gefördert.

4. Das Leben der einfachen Leute
Thema dieser Station ist das Leben der Bauern, die häufig Leibeigene waren.

Die Sch haben an dieser Station folgende Aufgaben zu erledigen:
1. Sie schreiben den Text ab.
2. Mit Hilfe des Bastelbogens gestalten sie ein Bauernhaus zur damaligen Zeit. Das Bauernhaus und die Figuren werden ausgeschnitten. Die Figuren können dann angemalt und zu szenischen Darstellungen im Haus verwendet werden. Die Lebensumstände (Armut, Tiere im Haus, viele Kinder) sind erkennbar.

3. Aus dem Text sind die verschiedenen Aufgaben von Jungen und Mädchen in der damaligen Zeit herauszufinden. Die Kinder ordnen zu, welche der Aufgaben wohl eher die Mädchen, welche die Jungen und welche beide gemeinsam verrichtet haben könnten.
4. Durch die Reflexion ihrer eigenen Aufgaben in der Familie können die Sch die Unterschiede der Lebenswelt der damaligen Kinder zu ihrer eigenen Lebenswelt erkennen.

5. Ritter und Burgen

Im ausgehenden Mittelalter nahm die Bedeutung der Ritter infolge der Erfindung des Schießpulvers ab; Landsknechtsheere lösten allmählich die Ritter ab.

Die Sch haben an dieser Station folgende Aufgaben zu erledigen:

1. Sie schreiben den Text ab.
2. Sie schneiden aus dem Bastelbogen einen Ritter und seine Kleidung aus; sie kleiden den Ritter an. Indem sie sein Wappen nach ihren eigenen Vorstellungen gestalten, setzen sie die damaligen Verhältnisse in Beziehung zu ihrer eigenen Lebenswirklichkeit.
3. Sie malen eine Burg.
4. Die Sch erhalten verschiedene Bücher, aus denen sie Interessantes über Ritter und Burgen erfahren können. Folgende Literatur wird empfohlen: Christopher Gravett: Burgen; Hauke Kock: Von Rittern und Burgen; Freya Stephan-Kühn: Viel Spaß im Mittelalter.

6. Erziehung und Schule

Martin Luther genoss – wie damals üblich – zu Hause und in der Schule eine strenge Erziehung.

Die Sch haben an dieser Station folgende Aufgaben zu erledigen:

1. Sie schreiben den Text ab.
2. Die Sch stellen nach der Bastelvorlage eine Schultafel her und beschriften sie mit den lateinischen Worten »dona nobis pacem«.
   Folgende Materialien werden zur Herstellung der Tafel benötigt: Schwarzes Tonpapier/ Fotokarton A 5, Wolle, Klebeband, Schwamm/Lappen, weiße Holzfarben zum Beschriften.
   Um das Tonpapier wird ringsum das Klebeband angebracht, an einer Ecke wird die Tafel gelocht, ein Wollfaden befestigt und an dessen anderes Ende ein Stückchen Schwamm (o. Ä.) befestigt. Anschließend werden Linien gezogen und die Tafel beschriftet.
3. Die Sch betrachten das Bild eines Klassenzimmers um 1500; ein Kind steht in der Bildmitte und trägt eine Eselsmaske. Die Sch malen die anderen Kinder dazu.
4. Die Sch schreiben eine Geschichte darüber, wie sie oder ein Freund einmal in der Schule bestraft wurden.

7. Angst, Verzweiflung und Trost

Der junge Luther teilte mit den Menschen seiner Zeit auch deren Ängste vor dem Tod und vor dem Jüngsten Gericht. Er hoffte auf den Trost der Kirche.

Die Sch haben an dieser Station folgende Aufgaben zu erledigen:

1. Sie schreiben den Text ab.
2. Sie malen ein Bild oder schreiben eine Geschichte über heutige Ängste.

3. Die Sch setzen aus Puzzleteilen den Holzschnitt aus »ars moriendi« (die Kunst des Sterbens) zusammen und interpretieren ihn.
   Sie können aus diesem Holzschnitt erkennen, dass die Sterbestunde für die Christen zugleich von Hoffnung und Angst erfüllt war.
   Dieser Holzschnitt, entstanden um 1470 in Ulm, zeigt einen Christen, der selig stirbt. Dass es sich um ein seliges Sterben handelt, erkennt man zum einen daran, dass (links oben) ein Engel die Seele des Sterbenden (dargestellt als kleiner nackter Mensch) emporträgt, die von den Engeln freundlich empfangen wird, zum andern an dem seligen Gesichtsausdruck des Sterbenden. Der Gekreuzigte ist von Heiligen umgeben, die bei Christus als Fürsprecher für die Gläubigen eintreten.
   Dem Sterbenden wendet sich eine Nonne zu, die ihm eine brennende Kerze (ein Licht gegen die Finsternis des Todes) überreicht. Nonnen kümmerten sich damals in den Spitälern um Kranke und Sterbende.
   Die in der unteren Bildhälfte dargestellten Dämonen können dem Sterbenden nichts anhaben, da er dem Gekreuzigten und der Kirche (dargestellt in den Heiligen) vertrauen kann. Die Dämonen, die mit Spruchbändern (im Stil von »Sprechblasen«) versehen sind, sind wütend darüber, dass sie der Seele des Sterbenden (= die kleine Figur in der schützenden Hand eines Engels) nichts anhaben können.
   In der vorliegenden Abbildung sind die Texte im Unterschied zum Original so geschrieben, dass die Sch sie entziffern können (in Klammern jeweils die Originaltexte): »Wir haben die Seele verloren« (»wir haben die sel verlorn«); »Wir haben keinen Trost« (»uns ist kain trost«); »Ich bin wütend« (»ich wüte«); »Ich werde wahnsinnig vor Wut« (»ich bin unsinnig«); »Wir sind blamiert« (»wir sind geschent«).
   Nach dem Zusammensetzen des Puzzles suchen die Sch eine Überschrift für das Bild. Hierzu interpretieren sie das Bild mit Hilfe der Impulse auf dem Arbeitsblatt.

Als zeitlicher Rahmen für Baustein I sind mindestens zwei Stunden erforderlich. Die Zeitangabe geht davon aus, dass jede/r Sch nur eine Station bearbeitet. Sollen mehrere Stationen bearbeitet werden, ist entsprechend mehr Zeit vorzusehen. Kinder, die schneller fertig sind, können sich bei anderen über ihre Arbeit informieren, oder eventuell noch Einzelaufgaben aus anderen Bereichen lösen.

Stationskarte: Entdeckungen

Entdeckungen

Die Zeit um 1500 war die Zeit der großen Seefahrer. Sie suchten Wege in ferne Länder, um von dort Waren nach Europa zu bringen. ~~Sie wollten damit Ruhm und Reichtum für sich und ihr Land erringen.~~

Christoph Kolumbus entdeckte 1492 Amerika (er landete im heutigen Haiti). Eigentlich wollte er von Spanien aus den Seeweg nach Indien finden. ~~Die Menschen ahnten zuerst nicht, dass er einen neuen Erdteil entdeckt hatte.~~

Er

Fünf Jahre später startete Vasco da Gama von Portugal aus, umsegelte Afrika und fand den Seeweg nach Indien. Von ihren Reisen ~~brachten~~ die Seefahrer viel Gold und Silber, unbekannte Früchte und fremde Waren mit.

brachten

Aufgabe 1 Schreibe den Text ab.

Aufgabe 2 Zeichne in die Weltkarte die Reisen der beiden Seefahrer mit verschiedenen Farben ein und schreibe den Namen des Seefahrers dazu.

Aufgabe 3 Du kannst ein Segelschiff anmalen oder ein eigenes Bild malen.

Aufgabe 4 Du findest an dieser Station vier Beispiele von Waren, die man in Europa nicht kannte. Erkennst du sie? Beschrifte sie und male sie an.

Aufgabe 5 Du kannst in den ausgelegten Büchern lesen. Was fällt dir Besonderes auf? Schreibe dir einige Dinge auf, um sie den anderen vorzustellen.

Lückentext

Europa (Z. 2)

Amerika (Z. 4)

Indien (Z. 5)

Gold und Silber (Z. 8)

Früchte (Z. 9)

Schülerblatt: Entdeckungen (Aufgabe 2)

Zeichne in die Weltkarte die Reisen der beiden Seefahrer mit verschiedenen Farben ein und schreibe den Namen des Seefahrers dazu.

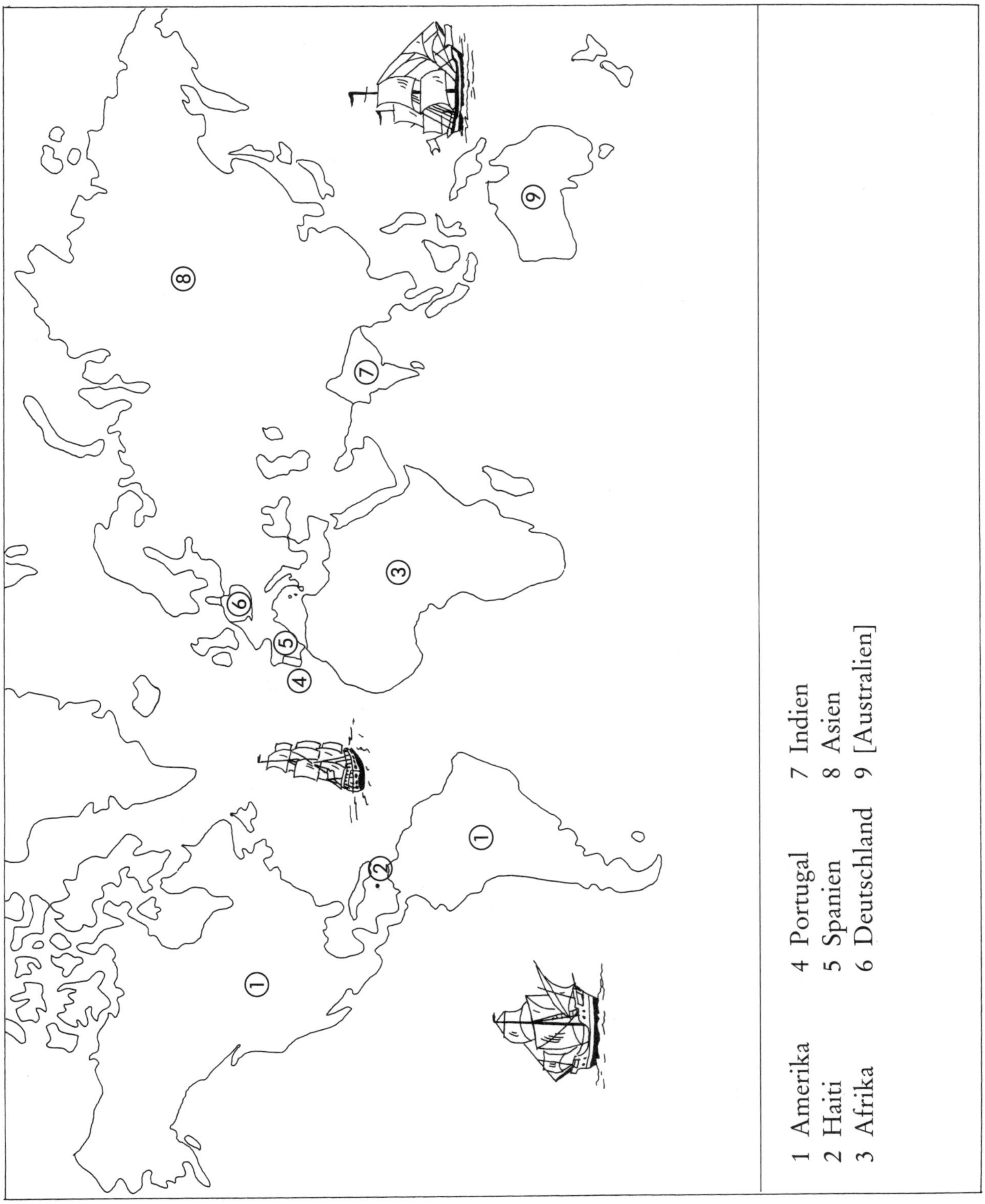

Schülerblatt: Entdeckungen (Aufgabe 3)

Du kannst dieses Segelschiff anmalen oder ein eigenes Bild malen.

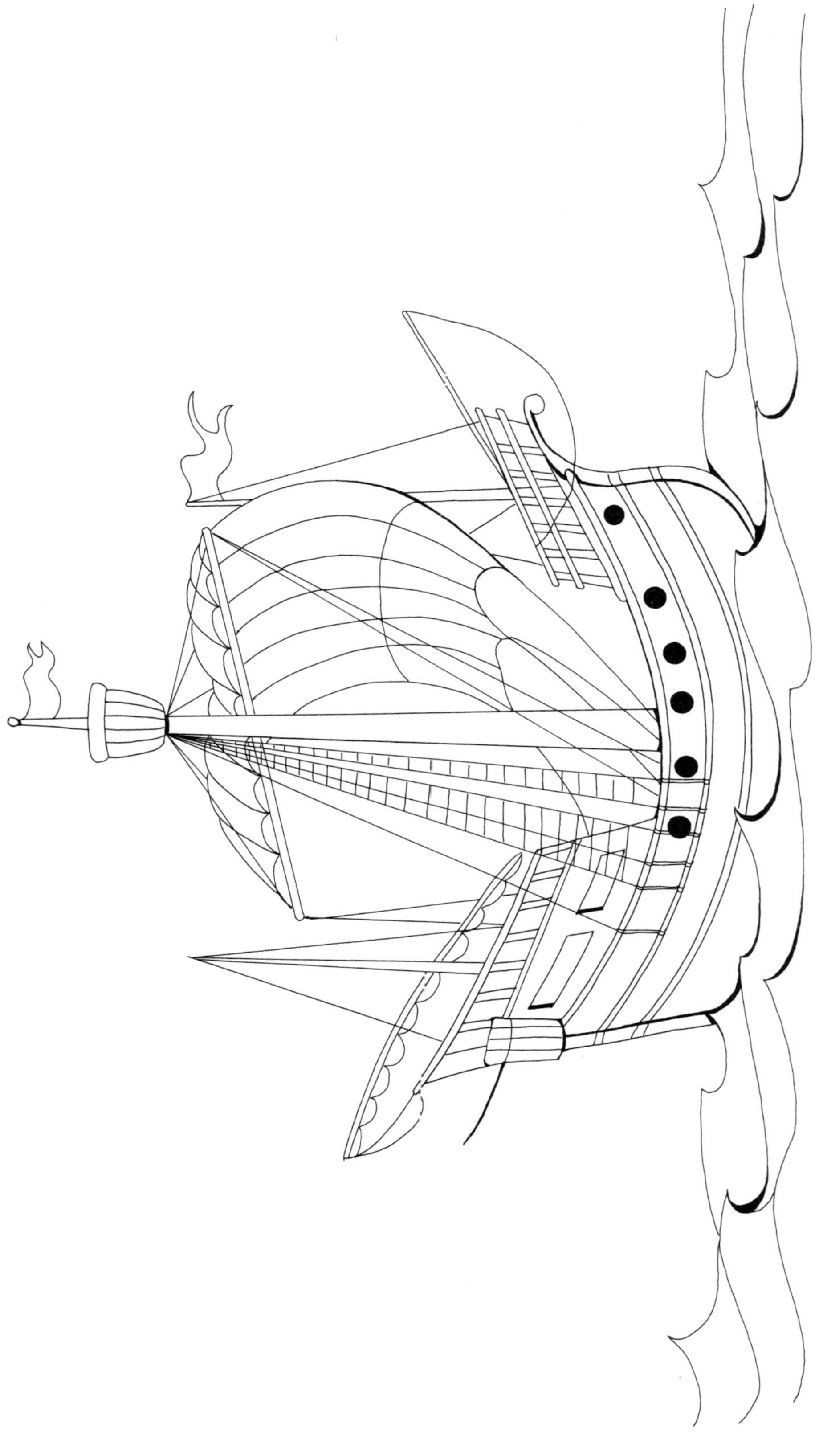

Schülerblatt: Entdeckungen (Aufgabe 4)

Diese Dinge kannte man in Europa noch nicht! untereinander u. fett schreiben

Du siehst hier vier Beispiele von Waren, die man in Europa nicht kannte: Tabak, Ananas, Mais, Kartoffel. Erkennst du sie? Beschrifte sie und male sie an. Wenn du in Sachbüchern noch mehr Beispiele findest, zeichne sie hier ein.

Stationskarte: Die Erfindung des Buchdrucks

Die Erfindung des Buchdrucks

Vor der Erfindung des Buchdruckes waren Bücher selten und teuer. Mönche schrieben sie von Hand ab und verzierten sie mit Bildern.

Johannes Gutenberg stellte Bleibuchstaben her, die zu einem Text zusammengestellt werden konnten und dann mit einer Handpresse gedruckt wurden.

Nach der Erfindung des Buchdrucks konnten Texte viel schneller und billiger vervielfältigt werden.

Bald gab es auch die ersten Schulbücher und immer mehr Menschen lernten lesen.

Aufgabe 1 Schreibe den Text ab.

Aufgabe 2 In Büchern wurden die Anfangsbuchstaben von Wörtern oft sehr schön verziert. Du kannst dieses Blatt gestalten.

Aufgabe 3 Betrachte das Bild einer Druckerwerkstatt. Schau dir an, was du darauf erkennst, trage die richtigen Zahlen ein und male das Bild an.

Aufgabe 4 Du kannst an dieser Station einen kleinen Text drucken oder stempeln.

Lückentext

Bücher (Z. 1)

Mönche (Z. 2)

~~Hand~~

schneller und billiger (Z. 5)

lesen (letzte Z.)

Schülerblatt: Die Erfindung des Buchdrucks (Aufgabe 2)

In Büchern wurden die Anfangsbuchstaben von Wörtern oft sehr schön verziert. Du kannst dieses Blatt gestalten.

Schülerblatt: Die Erfindung des Buchdrucks (Aufgabe 3)

Das Bild zeigt dir eine Druckerwerkstatt. Schau dir an, was du darauf erkennst, trage die richtigen Zahlen in das Bild ein und male es an.

Auf dem Bild kannst du Folgendes erkennen:

① Die »Setzer« nehmen die aus Blei gegossenen Buchstaben aus den Setzkästen.
② Die Seiten werden nach einer Druckprobe auf Fehler geprüft.
③ Zwei Druckerpressen sind in Betrieb.
④ Ein Mann trägt Farbe auf die Druckvorlagen auf.
⑤ Hier werden die gedruckten Bogen aus der Presse genommen.
⑥ Zwei Männer drucken.

Kontrollblatt: Die Erfindung des Buchdrucks (Aufgabe 3)

Das Bild zeigt dir eine Druckerwerkstatt. Schau dir an, was du darauf erkennst, trage die richtigen Zahlen in das Bild ein und male es an.

Auf dem Bild kannst du Folgendes erkennen:

① Die »Setzer« nehmen die aus Blei gegossenen Buchstaben aus den Setzkästen.
② Die Seiten werden nach einer Druckprobe auf Fehler geprüft.
③ Zwei Druckerpressen sind in Betrieb.
④ Ein Mann trägt Farbe auf die Druckvorlagen auf.
⑤ Hier werden die gedruckten Bogen aus der Presse genommen.
⑥ Zwei Männer drucken.

Schülerblatt: Die Erfindung des Buchdrucks (Aufgabe 4)

Du kannst hier einen kleinen Text drucken oder stempeln.

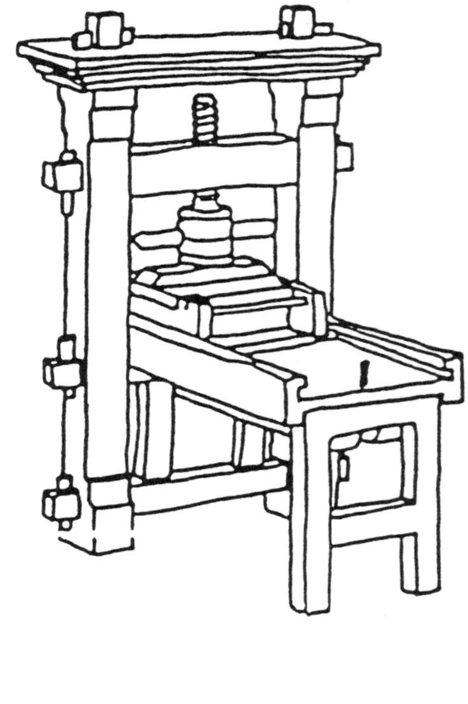

Stationskarte: Das Leben in den Städten

Das Leben in den Städten

Städte entstanden häufig an Flüssen und in der Nähe von Klöstern. Ihre Bewohner waren Handwerker und Händler.

Auch in Gegenden, in denen es Bodenschätze wie Silber, Kupfer oder Erz gab, entstanden Dörfer und Städte. Die Männer bauten in den ~~Minen~~ die Bodenschätze ab. Frauen und Kinder versorgten den Garten und die Haustiere. Bergwerken

Aufgabe 1 Schreibe den Text ab.

Aufgabe 2 Auf dem Bild einer Stadt sind neun Dinge abgebildet, die es damals noch nicht gab. Finde sie heraus und male sie rot an. Male den Rest des Bildes in den richtigen Farben an. Auf der Rückseite der Stationskarte kannst du die Lösung kontrollieren.

Aufgabe 3 Die Arbeit in den Bergwerken war damals sehr anstrengend und oft auch gefährlich. Auf dem Bild eines Bergwerkes kannst du einiges davon erkennen. Schreibe es auf.

Klöstern

Handwerker und Händler

Bodenschätze

~~Minen~~ Bergwerken

Schülerblatt: Das Leben in den Städten (Aufgabe 2)

Du siehst das Bild einer Stadt. Neun Dinge im Bild gab es damals noch nicht. Finde sie heraus und male sie rot an. Male den Rest des Bildes in den richtigen Farben an.

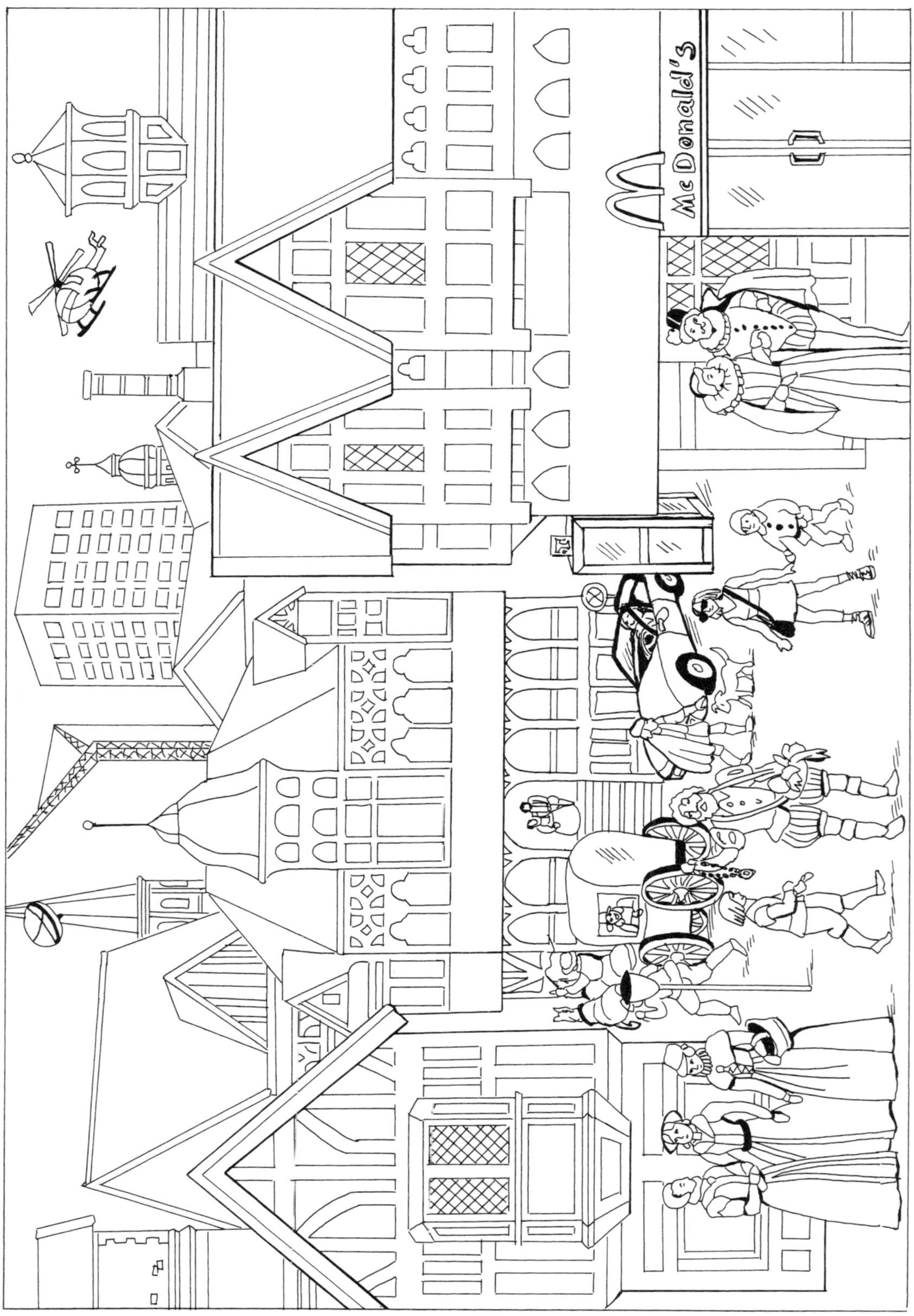

Kontrollblatt: Das Leben in den Städten (Aufgabe 2)

Du siehst das Bild einer Stadt. Neun Dinge im Bild gab es damals noch nicht. Finde sie heraus und male sie rot an. Male den Rest des Bildes in den richtigen Farben an.

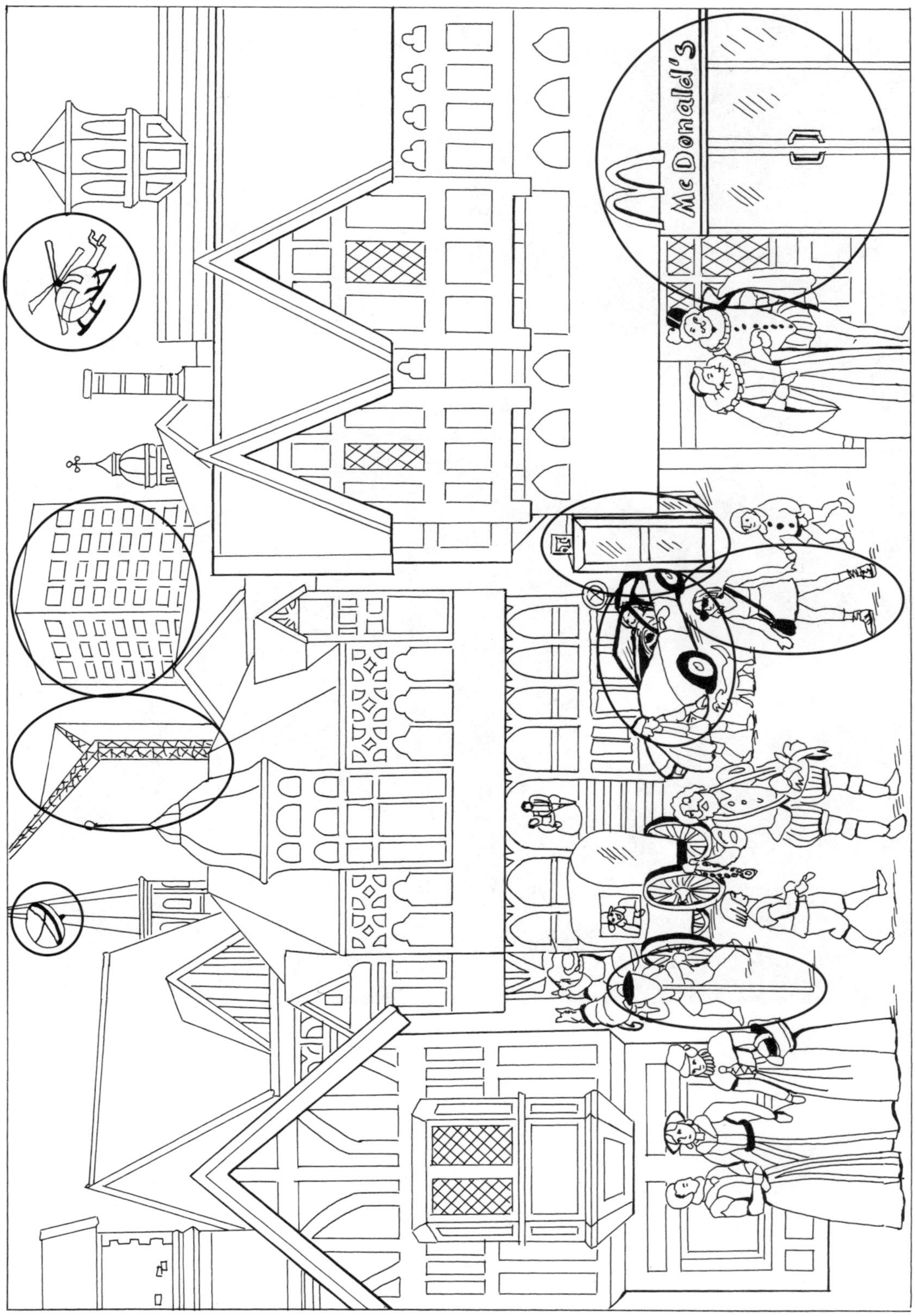

Schülerblatt: Das Leben in den Städten (Aufgabe 3)

Die Arbeit in den Bergwerken war damals sehr anstrengend und oft auch gefährlich. Auf dem Bild kannst du einiges davon erkennen. Schreibe es auf.

Was erkennst du auf dem !

Stationskarte: Das Leben der einfachen Leute

Das Leben der einfachen Leute

Die meisten Menschen in Deutschland lebten damals auf dem Land. Sie arbeiteten als Bauern. Viele wurden »Leibeigene« genannt, weil sie einem Ritter gehörten, der über ihr Leben bestimmen konnte.

Auch die Felder, auf denen sie arbeiteten, gehörten den Rittern. Deshalb mussten sie auch einen großen Teil der Ernte abliefern.

Sie lebten in einfachen Holzhütten, die aus einem einzigen Raum bestanden. In ihnen lebten Menschen und Tiere zusammen.

Aufgabe 1 Schreibe den Text ab.

Aufgabe 2 Mit Hilfe des Bastelbogens kannst du darstellen, wie eine Bauernfamilie lebte. Schneide dazu die Menschen und Tiere aus und klebe sie in das Haus ein. Male das Haus und die Figuren an.

Aufgabe 3 Die Kinder hatten kaum Freizeit. Sie mussten den Eltern bei der Arbeit helfen. Es gab Aufgaben für Mädchen und Aufgaben für die Jungen. Schreibe auf das Arbeitsblatt, welche Aufgaben wohl eher die Mädchen, welche eher die Jungen und welche beide erledigen mussten.

Aufgabe 4 Welche Aufgaben habt ihr in eurer Familie zu erledigen?

~~Bauer~~ Land (Z.1)
Leibeigene
~~Bauern~~ (Z.2)
~~Rittern (Z.4)~~
Ernte (Z.5)
Holzhütten (Z.6)

Schülerblatt: Das Leben der einfachen Leute (Aufgabe 2)

Mit Hilfe des Bastelbogens kannst du darstellen, wie eine Bauernfamilie lebte. Schneide dazu die Menschen und Tiere aus und klebe sie in das Haus ein. ~~Male das Haus und die Figuren an.~~

Figuren in dieser Größe kopieren

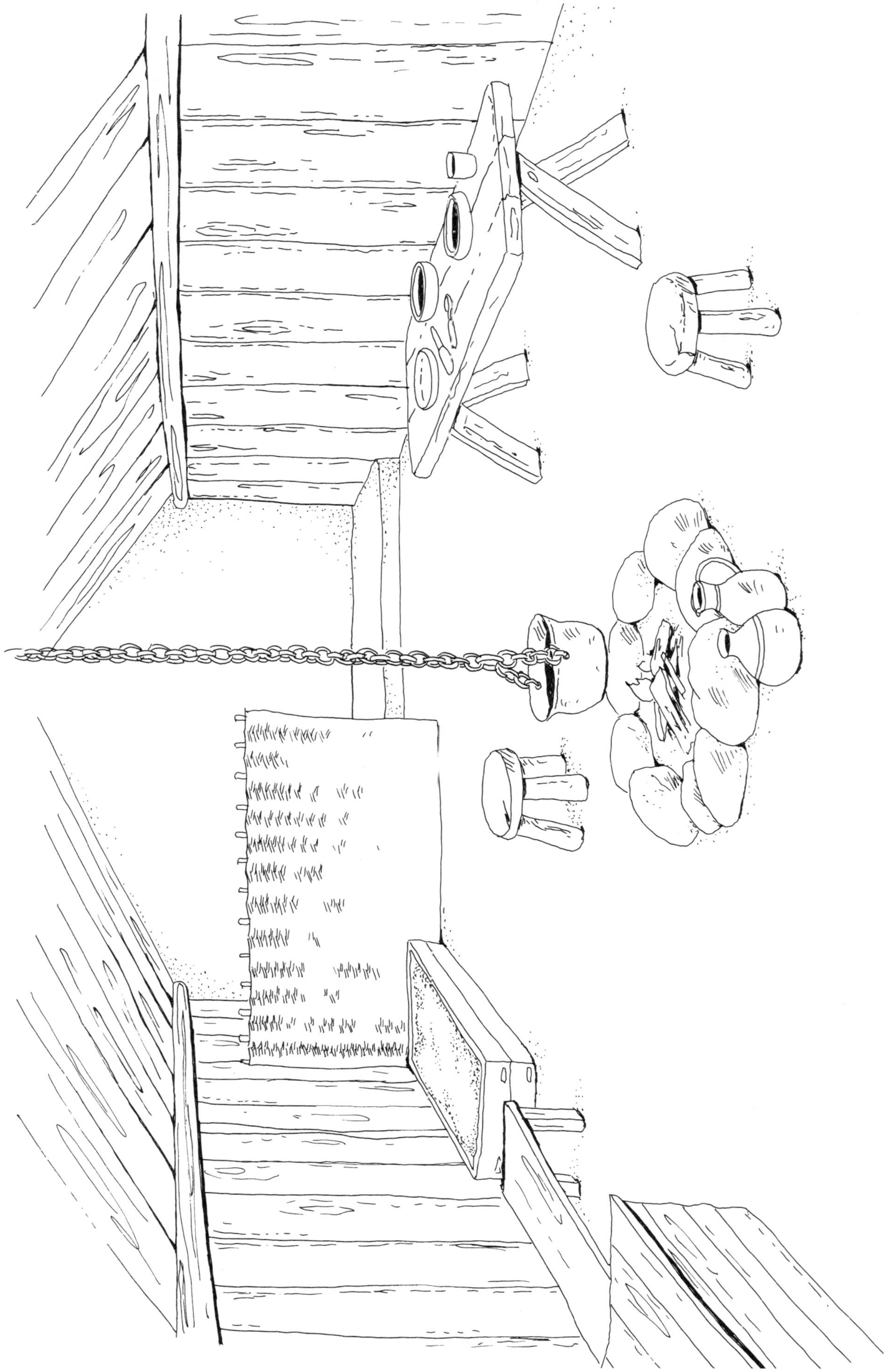

Haus auf 141 % vergrößern

Schülerblatt: Das Leben der einfachen Leute (Aufgabe 3 + 4)

Aufgabe 3

Die Kinder hatten kaum Freizeit. Sie mussten den Eltern bei der Arbeit helfen. Es gab Aufgaben für Mädchen und Aufgaben für die Jungen. ~~Schreibe auf das Arbeitsblatt, welche~~ Aufgaben wohl eher die Mädchen, welche eher die Jungen und welche beide erledigen mussten:

Schafe hüten, Hof fegen, Schweine füttern, Korn dreschen, Geschwister betreuen, Unkraut rupfen, Kuh melken, Feuer machen, Wolle spinnen, Haus putzen, Kuh auf die Weide bringen, Heu wenden.

Aufgabe 4

Welche Aufgaben habt ihr in eurer Familie zu erledigen?

Stationskarte: Ritter und Burgen

Ritter und Burgen

Deutschland, wie wir es heute kennen, gab es damals noch nicht. Das Land war in viele kleine Gebiete zerteilt, die den Fürsten gehörten.

Die Ritter verteidigten das Land gegen Feinde. Sie wohnten in Burgen.

Für die Verteidigung des Landes waren die Ritter zuständig, die in Burgen wohnten.

Ihre Rüstung schützte die Ritter vor Verletzungen im Kampf. Sie trugen den Schild mit ihrem Wappen und hatten eine Lanze oder ein Schwert zum Kämpfen.

und kämpften mit einer Lanze oder einem Schwert.

Als das Schießpulver und Kanonen erfunden wurden, mussten die Burgmauern immer dicker werden, um die Menschen, die in der Burg Zuflucht suchten, auch zu schützen.

Als Dann wurden Gewehre und Kanonen erfunden.

Die Rüstungen boten keinen Schutz mehr gegen die Gewehre. So verloren die Ritter an Bedeutung. Soldaten zu Fuß waren viel beweglicher und wurden immer wichtiger.

Aufgabe 1 Schreibe den Text ab.

Aufgabe 2 Mit Hilfe des Bastelbogens kannst du einen Ritter anziehen. Beschrifte am Ende die einzelnen Kleidungsstücke. Sein Schild hat noch kein Wappen. Denke dir selber ein schönes Wappen aus.

Aufgabe 3 Male eine Burg, auf der dieser Ritter gelebt haben könnte.

Aufgabe 4 Du kannst in den ausgelegten Büchern lesen. Was fällt dir Besonderes auf? Schreibe einige Dinge auf, um sie den anderen vorzustellen.

Ritter (2.3)

Burgen (2.3)

Lanze

Schwert

Schülerblatt: Ritter und Burgen (Aufgabe 2)

Mit Hilfe dieses Bastelbogens kannst du einen Ritter anziehen. Beschrifte am Ende die einzelnen Kleidungsstücke. Sein Schild hat noch kein Wappen. Denke dir selber ein schönes Wappen aus.

Wenn ein Ritter in den Kampf zog, trug er einen festen Brustpanzer aus Eisen, auch Harnisch genannt. Arme, Hände, Beine und Füße waren ebenso geschützt. Seinen Kopf schützte er mit einem Helm. Bei Gefahr klappte er das Visier herunter und schaute durch die schmalen Sehschlitze. Die Rüstung wog fast vierzig Kilogramm. Fiel der Ritter vom Pferd, konnte er es allein nicht mehr besteigen. Ohne Pferd jedoch konnte sich der Kämpfer nur sehr schwerfällig fortbewegen.

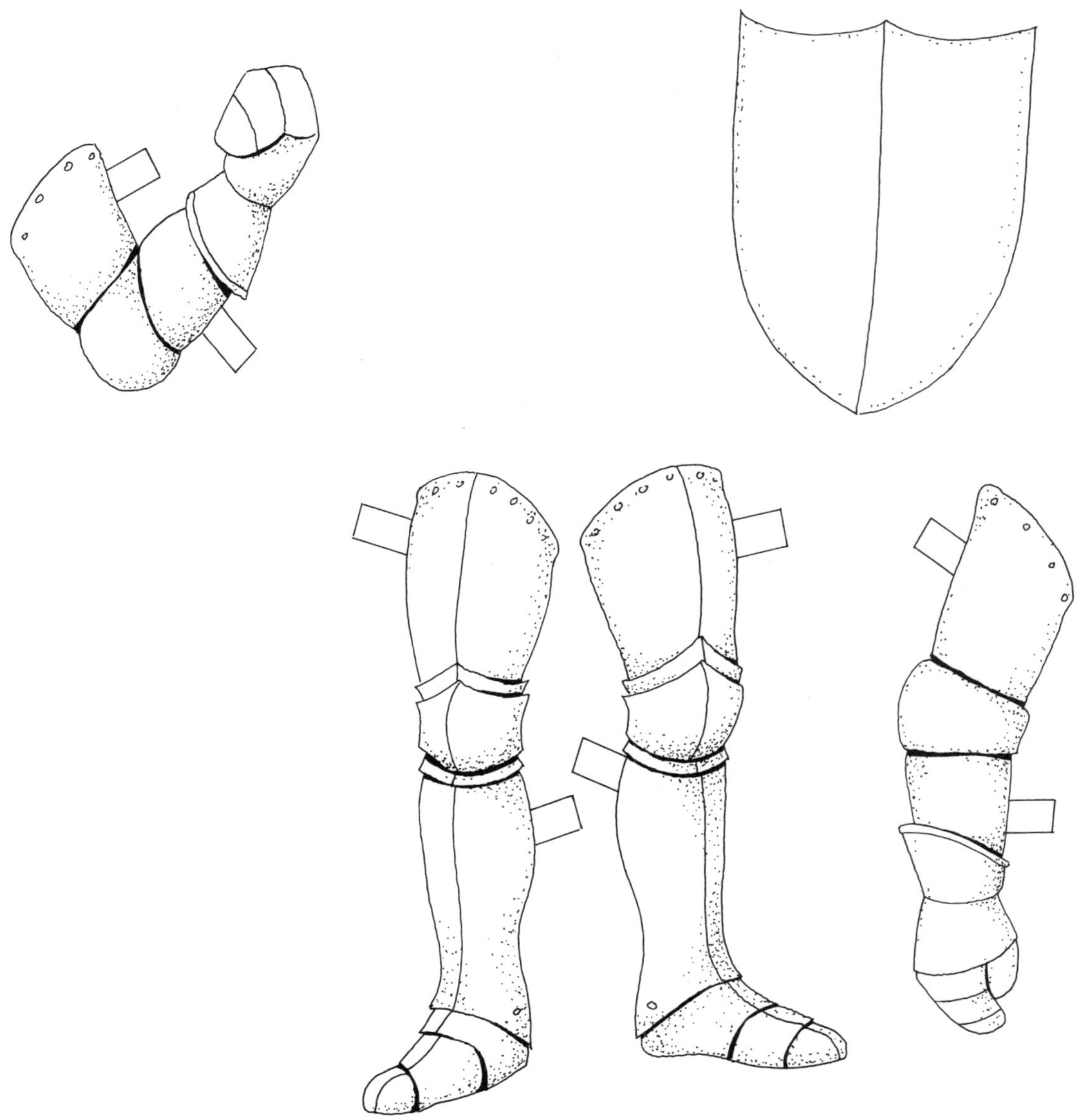

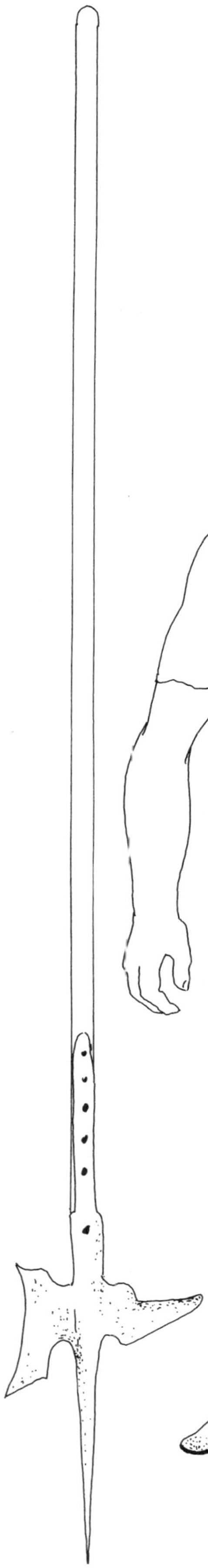

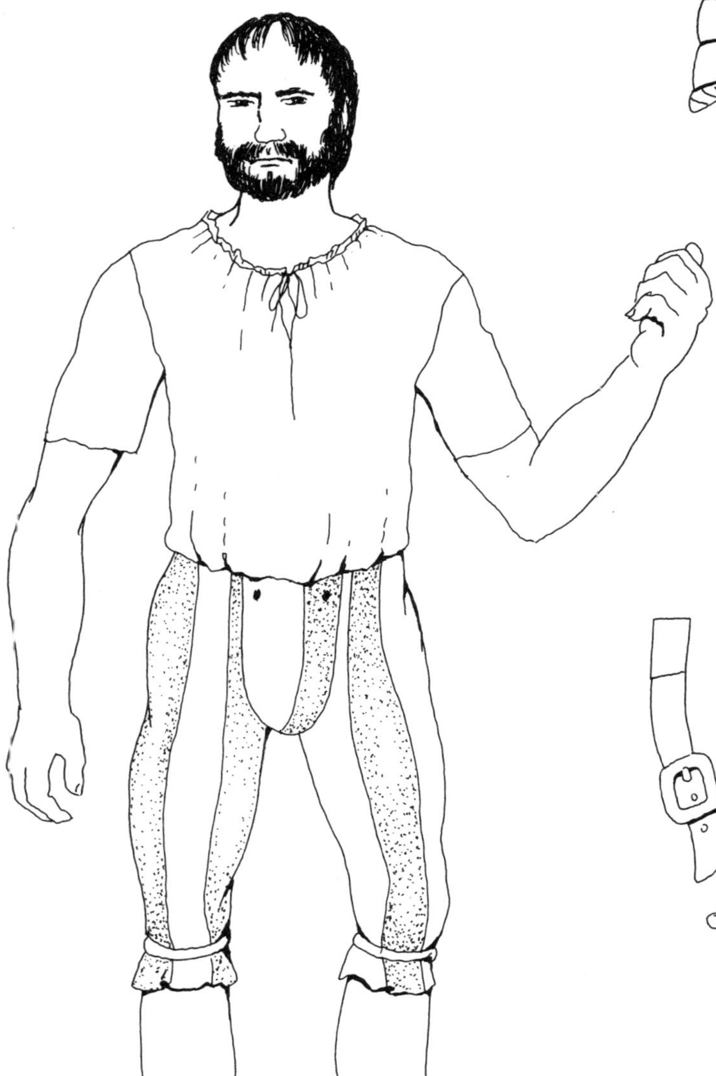

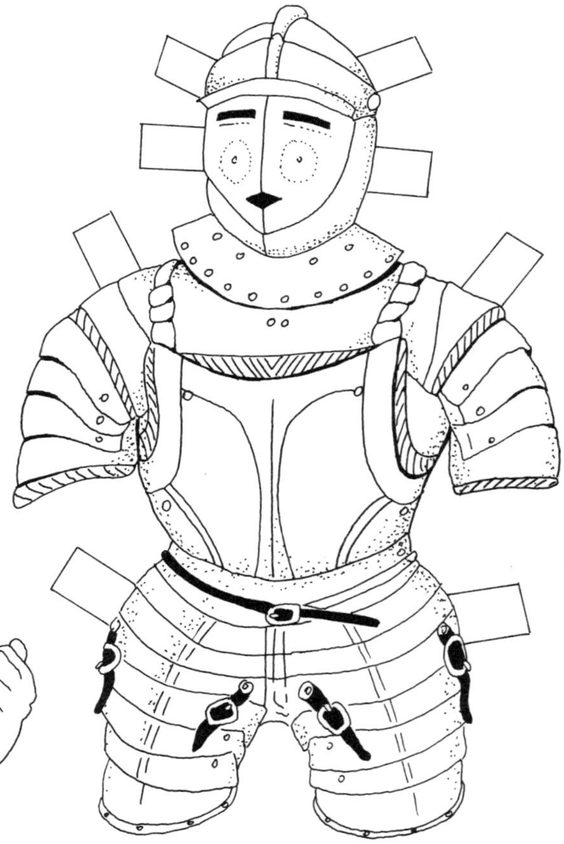

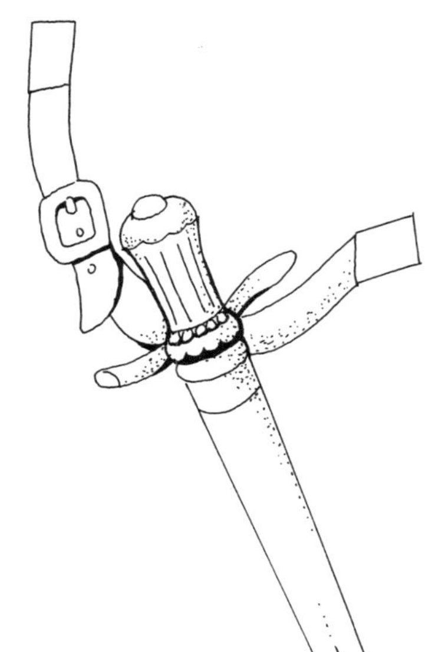

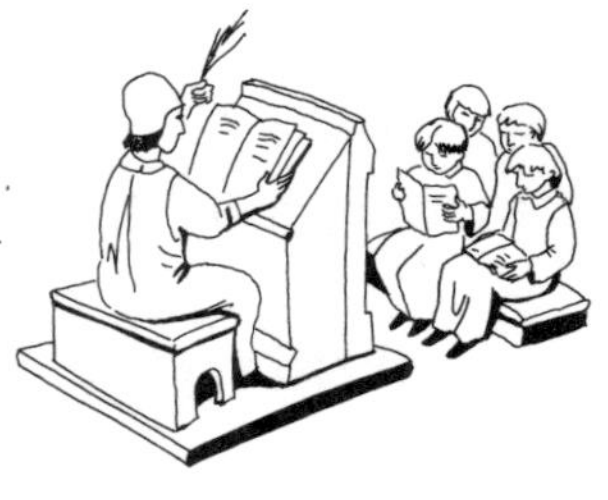

Stationskarte: Erziehung und Schule

Erziehung und Schule

Die Erziehung zu Hause und in der Schule war streng.

Die Eltern erwarteten von ihren Kindern Gehorsam. Häufig wurden die Kinder auch geschlagen.

Anders als heute durften nicht alle Kinder eine Schule besuchen. Nur in den Städten gab es Schulen. In der Lese- und Schreibschule wurde das Lesen und Schreiben in deutscher Sprache gelehrt. In der Lateinschule mussten die Schüler lateinisch lesen, singen, schreiben und sprechen. Ältere Schüler mussten die jüngeren Schüler überwachen. Wer einen Fehler machte, wurde aufgeschrieben und am Ende der Woche bestraft. Die Kinder bekamen dann Schläge oder die Eselsmaske umgehängt.

Aufgabe 1 Schreibe den Text ab.

Aufgabe 2 Früher schrieb man auf Tafeln. An dieser Station kannst du eine solche Tafel selber herstellen und darauf einen lateinischen Vers schreiben.

Aufgabe 3 Auf dem Bild siehst du ein Klassenzimmer, wie es damals aussah. Ein Kind trägt die Eselsmaske. Male die anderen Kinder dazu.

Aufgabe 4 Heute gibt es andere Gründe, warum Schüler bestraft werden. Erinnerst du dich an eine Situation, in der du von deiner Lehrerin oder deinem Lehrer bestraft worden bist? Schreibe die Geschichte auf. Falls du noch nie bestraft wurdest, fällt dir sicher jemand aus deiner Klasse ein.

Lücken

streng

Gehorsam
Schule
in den Städten

Schläge

Schülerblatt: Erziehung und Schule (Aufgabe 2)

Früher schrieb man auf Tafeln. An dieser Station kannst du eine solche Tafel selber herstellen. Die Materialien, die du dazu benötigst, liegen dabei. Schau dir die Vorlage genau an. Da in der Schule nur lateinisch geschrieben wurde, schreibe den folgenden Liedvers auf deine Tafel:

Dona nobis pacem
Dona nobis pacem, pacem, dona nobis pacem.
Dona nobis pacem, dona nobis pacem.

Übersetzt heißt das:

Gib uns Frieden.

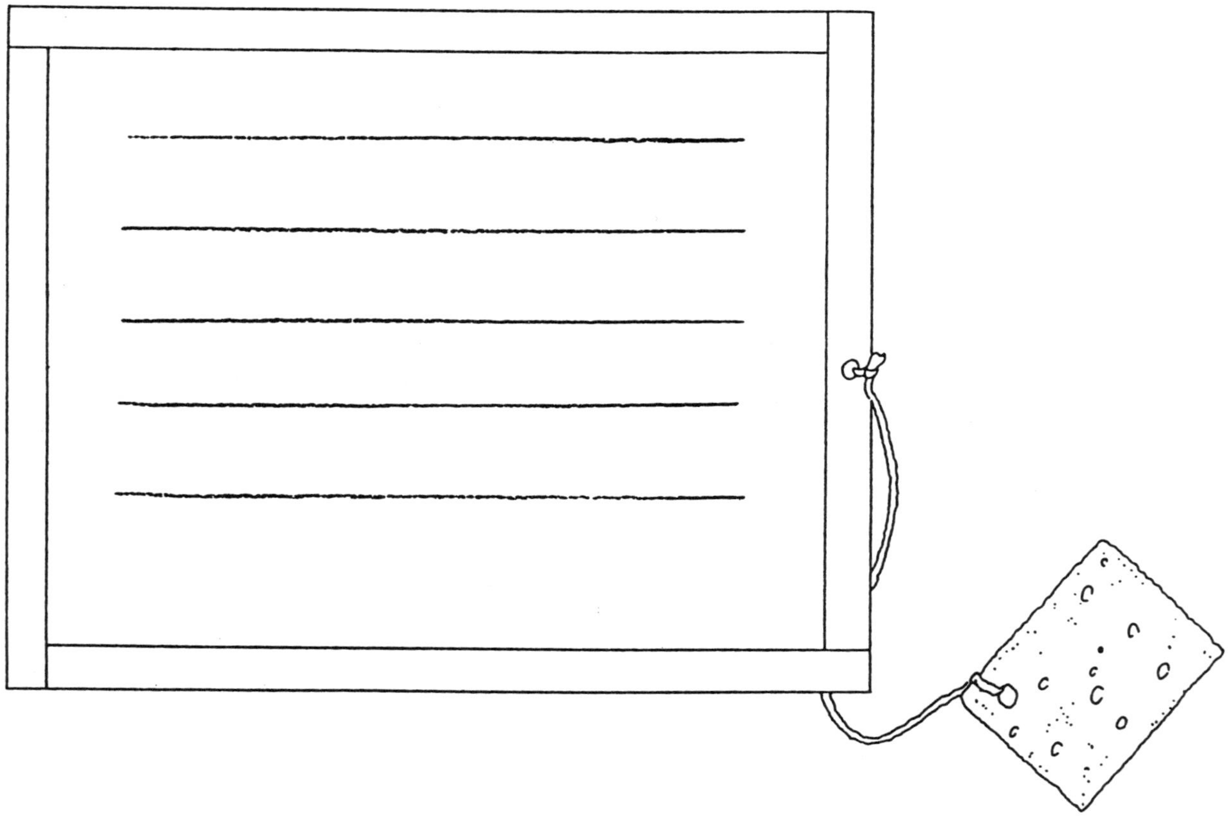

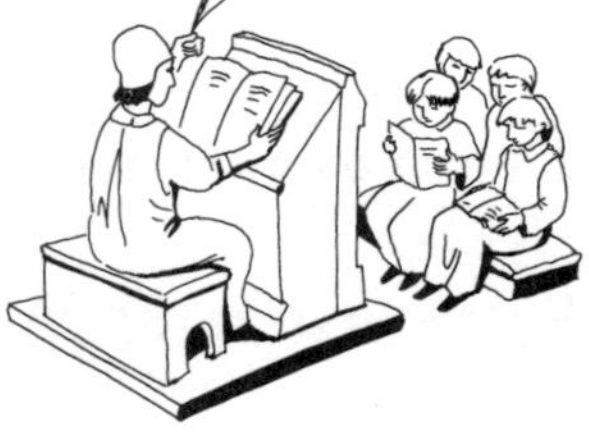

Schülerblatt: Erziehung und Schule (Aufgabe 3)

Auf diesem Bild siehst du ein Klassenzimmer, wie es damals aussah. Ein Kind trägt die Eselsmaske. Male die anderen Kinder dazu.

Stationskarte: Angst, Verzweiflung und Trost

Angst, Verzweiflung und Trost

Das Leben der Menschen war vielfach bedroht.

Es gab viele Krankheiten wie Pest und Pocken. Es gab zwar Spitäler, in denen fromme Menschen die Kranken versorgten. Sie konnten ihnen aber oft nicht helfen, weil sie nicht die nötigen Heilmittel hatten. Die Menschen starben viel früher als heute.

Wenn es schlechte Ernten gab, verhungerten viele Menschen. Die Bauern mussten zuerst ihre Herren zufriedenstellen. Nur was übrig blieb, gehörte ihnen.

Die Fürsten führten auch Kriege. Da ihre Untertanen mit ihnen kämpfen mussten, starben viele.

Viele Menschen hatten Angst vor dem Tod. Sie befürchteten, dass sie zur Strafe für ihre bösen Taten in die Hölle kommen.

Die Kirche versprach: Wenn ihr auf die Kirche hört und gute Werke tut, werdet ihr gerettet.

Aufgabe 1 Schreibe den Text ab.

Aufgabe 2 Du hast gelesen, was den Menschen früher Angst machte. Auch wir heute haben vor vielen Dingen Angst.

Male ein Bild deiner Wahl:
- Ein Bild, in dem du dich und etwas, das dir Angst macht, zeichnest.
- Oder ein Bild, in dem die Dinge vorkommen, die vielen Menschen auf der Erde Angst machen.

Falls du nicht malen möchtest, kannst du auch eine Geschichte schreiben.

Aufgabe 3 Du kannst aus Puzzleteilen ein Bild zusammensetzen, das dir zeigt, wovor Menschen damals Angst hatten, aber auch, wodurch sie Trost empfingen.

Schülerblatt: Angst, Verzweiflung und Trost (Aufgabe 3)

Setze aus Puzzleteilen ein Bild aus der damaligen Zeit zusammen.
Gib dem Bild eine Überschrift. Zuvor musst du dir genau anschauen, was auf dem Bild zu sehen ist und was es bedeutet. Die folgenden Angaben helfen dir dabei:
Der Holzschnitt aus dem 15. Jahrhundert zeigt einen Sterbenden in seiner letzten Stunde. Der Künstler will mit diesem Bild Menschen, die Angst vor dem Sterben haben, trösten: Wenn sie bei Jesus bleiben, brauchen sie keine Angst zu haben.

Folgende Einzelheiten könnt ihr auf dem Bild erkennen:
1. Auf dem Bett liegt ein Sterbender. Beschreibe seinen Gesichtsausdruck.
2. Eine Nonne beugt sich über den Sterbenden und reicht ihm eine brennende Kerze. Was wird dadurch ausgedrückt? Achte auf die Haltung der Nonne!
3. Die Seele des Sterbenden ist als kleine Figur dargestellt. Was geschieht mit der Seele?
4. Die Dämonen in der unteren Bildhälfte wollen den Sterbenden in die Hölle ziehen. Die Texte auf den Spruchbändern drücken ihre Gefühle aus.

Trost
Seele verloren
Wir sind blamiert
Wir haben keine
Wir haben die
wahnsinnig
Wut
Ich bin wütend

Baustein II: Kindheit und Jugend Luthers

Erzählung

Methodisch-didaktische Überlegungen

Mit dieser Erzählung sollen die Kinder mit der Kindheit und Jugend Luthers bekannt gemacht werden. Die Erzählung knüpft an die in Baustein I bearbeiteten Bereiche an. Mit den Erlebnissen des Kindes Martin Luther in Familie und Schule werden Erfahrungen der Sch angesprochen, so dass sie einen leichten Zugang finden.

Christus der Weltenrichter
Im Zusammenhang mit der Erzählung ist die Interpretation des Bildes »Christus als Weltenrichter« vorgesehen. Der Einsatz des Bildes »Christus als Weltenrichter« erwies sich im Unterricht als sehr gute Vertiefungsmöglichkeit. Die Kinder waren bei der Interpretation ganz bei der Sache. Es sollte ihnen hier Gelegenheit gegeben werden, weitgehend eigene Interpretationsmöglichkeiten zu finden. Um bei den Kindern keine Ängste entstehen zu lassen, sollte betont werden, dass es sich um ein Bild aus der damaligen Zeit handelt.
Das Bild »Christus als Weltenrichter« ist ein Holzschnitt aus der Schedelschen Weltchronik von 1493, geschaffen von dem Nürnberger Künstler Michael Wohlgemuth. Ähnliche Bilder, auf die Teil I der Erzählung anspielt, waren damals als farbige Bilder in vielen Kirchen zu sehen. Die Berechtigung dafür, dass die Erzählung auf solche Darstellungen anspielt, leitet sich von daher ab, dass Luther selbst – allerdings im Blick auf seine Zeit in Wittenberg – auf eine solche Darstellung zu sprechen kommt: Er erzählt davon, dass er bei seinem Gang in die Stadtkirche auf dem Friedhof an dem Sandsteinrelief mit der Darstellung Christi als Weltenrichter vorbeigekommen ist.

Zeugnis für Martin Luther
Zur Reflexion des Gehörten stellen die Sch dem Schüler Martin Luther ein Zeugnis aus. Kinder kennen ihre eigenen Zeugnisse und schlüpfen gerne einmal in die Rolle des Lehrers. Für Baustein II sind ein bis zwei Unterrichtsstunden vorgesehen.

Unterrichtliche Schritte
1. Erzählung.
2. Unterbrechung der Erzählung: Interpretation des Bildes »Christus als Weltenrichter« im Unterrichtsgespräch oder in Gruppenarbeit.
   Christus hält Gericht über die Menschen. Alle müssen vor ihn treten. Die Toten kommen aus ihren Gräbern. Die einen werden in den Himmel aufgenommen, auf die anderen stürzen sich schreckliche Teufel und zerren sie in das Feuer der Hölle. Aus dem Mund des Weltenrichters kommen Schwert und Lilie: Das Schwert als Zeichen der Strafe für die Bösen, die Lilie als Zeichen der Belohnung der Guten. Das Bild »Christus als Weltenrichter« vertieft Elemente der Erzählung. Den Sch sollte allerdings genügend Zeit gelassen werden, die vielen Details des Bildes zu erkennen und zu interpretieren.
3. Weiterführung der Erzählung.
4. Die Sch schreiben ein Zeugnis für Martin Luther.
   Das Zeugnis verfasst jedes Kind selbständig und zeichnet als Lehrerin/Lehrer mit seiner Unterschrift. Die Kinder lesen sich ihre Arbeiten gegenseitig vor.

Erzählung, M 1a

»Großmutter, erzähle mir von früher.« Der kleine Johannes rutscht von seinem Stuhl herunter und sieht seine Großmutter bittend an. Ihr Stuhl steht dicht beim Ofen, denn sie ist alt und friert so leicht. Sie sagt: »Ja, mein Junge, ich will dir von früher erzählen, als dein Vater noch klein war. Wenn man die Geschichte seiner Familie kennt, versteht man vieles besser.«

Johannes schaut sie mit großen Augen an, und Großmutter beginnt zu erzählen:
»Ich erinnere mich noch genau an den Tag, an dem dein Vater geboren wurde. Es war der 10. November, ein kalter, trüber Novembertag. Wir waren erst kurz zuvor nach Eisleben gezogen, denn der Hof zu Hause in Möhra konnte uns nicht mehr ernähren. So mussten dein Großvater und ich wegziehen.

Als die Hebamme sagte, es ist ein Sohn, Frau Margarete, war ich glücklich. Man rief deinen Großvater herein, der sich sein erstes Kind voller Stolz ansah, und als man ihm das kleine Bündel in den Arm legte, setzte er sich an mein Bett. ›Margarete, wir wollen ihn Martin nennen, denn morgen ist Martinstag. Ich will dem Priester Bescheid geben, dass morgen sein Tauftag sein soll.‹ Dein Großvater erhob sich, und während er vorsichtig das kleine Bündel zu seinem Bettchen zurücktrug, sagte er: ›Mein Sohn, du sollst es einmal besser haben als ich. Von früh bis spät will ich arbeiten, um dir ein leichteres Leben zu ermöglichen.‹

Einige Zeit später übernahm dein Großvater Hans ein kleines Kupferbergwerk in Mansfeld. Er arbeitete unermüdlich. Und auch zu Hause gab es genug zu tun. Wie deine Mutter hatten auch wir einen großen Garten und Tiere, und du weißt ja, wieviel Arbeit das macht. Aber wir hatten ein Ziel vor Augen, die bessere Zukunft unserer Kinder. Dafür war uns nichts zuviel.«

Johannes hatte aufmerksam zugehört. Jetzt fragte er: »War mein Vater eigentlich ein braves Kind?«
Die Großmutter lachte: »Eigentlich schon. Aber manchmal gab es auch Ärger. Eines Tages kam dein Vater mit einer Nuss nach Hause. Auf die Frage, woher er die Nuss habe, stotterte er: ›Ich habe sie gefunden … auf der Erde.‹ Ich wusste genau, dass das eine Lüge war. Als ich ihn weiter wortlos ansah, gab er zu: ›Ich habe sie aus Nachbars Garten, von seinem Baum.‹ Dein Vater bekam meinen Stock zu spüren. Als ich ihn schlug, musste ich weinen, so traurig war ich über das, was dein Vater getan hatte. Ich hielt ihm vor: ›Lügen und Stehlen bringen dich in die Hölle!‹ Er zuckte zusammen, denn er dachte an ein Bild in unserer Kirche. Jedesmal, wenn wir in den Gottesdienst gingen, versteckte sich Martin hinter mir, um dieses Bild nicht ansehen zu müssen.«

[Baustein II, M 2: Bild »Christus als Weltenrichter«]

Fortsetzung der Erzählung, M 1b

»Als dein Vater fünf Jahre alt war, kam er zur Schule. Es war nicht leicht ein guter Schüler zu sein, denn in dieser Schule wurde der ganze Unterricht in lateinischer Sprache abgehalten. Wer einen Fehler machte, wurde von den anderen ausgelacht und bekam die hölzerne Eselsmaske aufgesetzt. Deinem Vater gefiel es in der Schule nicht, nur das Singen machte ihm Freude.

Eines Tages kam er sehr bedrückt nach Hause. Als ihn dein Großvater nach dem Grund fragte, erzählte er, dass er an diesem Tag vom Lehrer fünfzehn Mal Schläge bekommen hatte, weil er etwas nicht wusste. Großvater wurde sehr zornig und schlug ebenfalls zu. ›Streng dich an und sei fleißig, sonst wird aus dir nie etwas!‹ hämmerte er ihm mit dem Stock ein. Erst später sagte dein Vater unter Tränen: ›Aber ich konnte die Antwort nicht geben, weil wir es doch noch gar nicht gelernt hatten.‹

Weil dein Vater gut lernte und weil wir es uns leisten konnten, schickten wir ihn ein Jahr später nach Magdeburg zur Schule. Die Schule wurde von Mönchen geleitet, die ein großes Ansehen hatten. Dort gefiel es deinem Vater besser, aber richtig zufrieden war er erst in Eisenach. Dort lebten viele Verwandte von uns. Für einen Teil seines Lebensunterhalts musste Martin selber sorgen. Zusammen mit anderen Jungen sang er bei reichen Familien und bekam dafür zu essen. Dein Vater hatte das große Glück, dass er bei der reichen Familie Cotta sogar ganz aufgenommen wurde und sie ihm ein neues Zuhause gaben.

Das hatte auch Auswirkungen auf seine schulischen Leistungen. Er lernte nun mit viel Freude und Eifer und wurde am Ende mit einem guten Zeugnis aus der Schule entlassen.
Großvater war stolz auf seinen Sohn. Als dein Vater zu uns nach Hause kam, hatte er bereits beschlossen, dass Martin studieren sollte. Später würde er dann als Rechtsgelehrter oder Beamter arbeiten. Alle Mühe und alle Entbehrungen schienen sich gelohnt zu haben.«

Christus als Weltenrichter, M 2

Baustein III: Studium und Klostereintritt

Erzählung

Methodisch-didaktische Überlegungen

Die Erzählung führt die Biographie Luthers bis zum Klostereintritt weiter. Die Geschichte bietet Möglichkeiten der Auseinandersetzung mit Luthers Entscheidung. Anknüpfungspunkte an die Erfahrungswelt der Sch sind in mehrfacher Hinsicht gegeben: Die Frage, ob man an ein Versprechen gebunden ist, das in einer Notsituation abgegeben wird, kennen viele Sch aus eigener Erfahrung, ebenso die Tatsache, dass man mit Gott handeln kann (vgl. dazu Fritz Oser, Die Entstehung Gottes im Kinde).

Für Baustein III ist eine Unterrichtsstunde vorgesehen.

Unterrichtliche Schritte

1. Die Erzählung wird den Kindern vorgetragen. Nach der Erwähnung von Luthers Klostereintritt wird die Erzählung unterbrochen.
2. Im UG können die Argumente der Familie und Freunde aufgegriffen werden: Ist das Versprechen Luthers aus Angst bindend? Welche weiteren Argumente dafür oder dagegen könnten vorgebracht werden? Wo und wie lassen sich Parallelen zum Leben der Sch herstellen?
   Sollte es den Kindern schwerfallen, diese Fragestellungen mündlich anzugehen, so können sie auch als Gesprächsgrundlage zuerst einige Argumente schriftlich notieren und diese ins Plenum einbringen.
3. Weiterführung der Erzählung.

Erzählung

»Großmutter, du hast mir versprochen weiter zu erzählen, wenn ich meine Aufgaben erledigt habe. Ich habe mich beeilt und Mutter hat es erlaubt.« Johannes schaut seine Großmutter gespannt an. Sie lächelt.
»Ja, Johannes, ich habe es versprochen. Dein Vater sollte nach dem Willen deines Großvaters studieren. Dazu schickte er ihn nach Erfurt. Erfurt war eine berühmte Universitätsstadt und deinem Vater gefiel es dort gut. In seinen Briefen schrieb er uns von seinem Leben als Student. Er wohnte mit anderen Studenten zusammen in einem Studentenhaus, der Burse. Morgens standen sie früh auf, sie lasen und lernten den ganzen Tag. Dazwischen trafen sie sich zum Gebet und bei Tisch wurden Texte und Geschichten aus der Bibel vorgelesen.
Dein Vater lernte schnell und gut. Er lernte Reden zu halten und erfuhr vieles von den Geheimnissen der Welt in den Fächern Musik, Geometrie, Mathematik und Astronomie.
Nach vier Jahren legte er als Zweitbester seine Magisterprüfung ab. Er durfte jetzt als Lehrer jüngere Studenten unterrichten. Er erhielt einen Fingerring und einen flachen, schwarzen Hut, das Barett. Dein Vater und seine Freunde feierten zum Abschluss ein großes Fest. Sie musizierten, tranken Wein und waren fröhlich miteinander.
Dein Vater begann anschließend mit dem Studium der Rechtswissenschaft.

Einige Zeit später erwarteten wir ihn zu Hause. Alle waren aufgeregt und wir sprachen tagelang von nichts anderem als dem Erfolg und der glänzenden Zukunft unseres Sohnes. Schon von weitem sahen wir ihn, als er auf dem staubigen Weg entlang wanderte. Er sah vornehm aus mit seinem Barett auf dem Kopf, an dem eine Feder wippte. Freudig wurde er von allen begrüßt. Dein Großvater war stolz auf ihn. Er redete ihn nicht mehr mit »Du«, sondern mit »Ihr« an. Und er war froh, dass dein Vater weiterstudierte und das Recht und die Gesetze lernte. Er hoffte, dass aus ihm einmal ein Bürgermeister oder der Berater eines Fürsten werden könnte. Er machte schon Pläne, deinen Vater mit der Tochter eines reichen Bürgers zu verheiraten. Mir fiel auf, dass dein Vater bei aller Fröhlichkeit unruhig war, irgend etwas schien ihn zu beschäftigen. Später erzählte er mir: ›Ich habe damals oft an den Tod denken müssen. Ich hatte Angst vor Gottes Gericht.‹ Aber er sagte nichts und kehrte nach Erfurt zurück.«

Johannes hatte ganz aufmerksam zugehört. Er war ganz gefesselt von der Vorstellung, dass sein Vater vielleicht an einem Fürstenhof leben könnte. Doch dann fragte er: »Aber Vater hat mir doch erzählt, dass er als Mönch im Kloster lebte!«
»Ja, lass mich weiter erzählen«, sagte die Großmutter. »Bald danach erhielten wir einen Brief deines Vaters. Dein Großvater nahm ihn und ging in das Wohnzimmer. Kurz darauf hörte ich die Stimme deines Großvaters: ›Niemals gebe ich meine Einwilligung zu diesem Entschluss. Ich habe ihn lernen und studieren lassen um ihm ein besseres Leben als das meine zu ermöglichen. Aber ins Kloster zu gehen – nein niemals ...‹. Er riss die Tür auf und stürmte aus dem Zimmer. Was war nur geschehen – so aufgebracht hatte ich deinen Großvater noch nie erlebt.
Auf dem Rückweg von seinem letzten Besuch bei uns war Martin bei Stotternheim in ein

Gewitter geraten. Urplötzlich hatte sich das Unwetter zusammengezogen und es gab kein Haus, keinen Unterstand, wo sich dein Vater hätte schützen können. Er lief schneller, doch plötzlich schlug krachend neben ihm der Blitz ein – Martin wurde zu Boden geschleudert. In seiner Todesangst rief er aus: ›Hilf, heilige Anna, ich will ein Mönch werden!‹

Nach einigen Augenblicken konnte er wieder aufstehen. Nichts war ihm geschehen und er war fest entschlossen, sein Versprechen zu halten.

Dein Vater ließ sich weder von uns noch von seinen Freunden von seinem Entschluss abbringen. Alle Gründe, die man vorbrachte, wie ›ein Versprechen, das man in Angst gibt, muss man nicht halten; Gott verlangt das nicht von dir; du setzt eine große Zukunft als Gelehrter aufs Spiel; du hättest eine reiche Frau heiraten können‹ usw., nichts zählte für Martin. Ich glaube, er wollte unbedingt Mönch werden, um dem Gericht Gottes zu entgehen.

Am 17. Juli 1505 trat Martin ins Augustinerkloster in Erfurt ein. Seine Freunde begleiteten ihn. Als sie an der Klosterpforte voneinander Abschied nehmen mussten, weinten sie. Von unserer Familie war niemand dabei, dein Großvater hatte es nicht erlaubt, er war böse und zornig auf seinen Sohn.«

[Unterbrechung/Unterrichtsgespräch]

»Erst Jahre später legte sich der Zorn deines Großvaters. Wir hatten einen Brief unseres Sohnes erhalten, in dem er uns mitteilte, dass er von seinem Orden bestimmt worden war, Priester zu werden. Bald würde er seine Priesterweihe erhalten.

Dein Großvater sah ein, dass aus seinem Sohn auch als Mönch etwas werden konnte. So reiste er mit einigen Verwandten nach Erfurt, um bei dem feierlichen Gottesdienst dabei zu sein.«

Baustein IV: Leben im Kloster

Freiarbeit an acht Stationen

Methodisch-didaktische Überlegungen

Nachdem die Kinder Luthers Lebenslauf bis zu seinem Eintritt ins Kloster und seiner Priesterweihe kennengelernt haben, erfahren sie in diesem Baustein einiges über das Leben in einem Kloster. Dieser Baustein gliedert sich in eine Pflichtstation (P) und sieben Wahlstationen (W). Mit dem Pflichtbereich wird allen Sch ein Basiswissen vermittelt. Die Arbeit im Pflichtbereich sollte in Gruppenarbeit erfolgen. Im Wahlbereich, der zur Vertiefung des Pflichtbereichs dient, sollten die Sch zwischen Partner- und Einzelarbeit wählen können.
Eine Anknüpfung beim Erfahrungshorizont der Sch ist dadurch gegeben, dass sie den Lebensrhythmus in einem Kloster mit ihrem eigenen Lebensrhythmus vergleichen können.

Im Wahlbereich sind zwei Elemente eingebaut, die weitere Sinne ansprechen, die Musikstation mit mittelalterlicher Musik und die Spürstation mit dem Gehen auf Erbsen.
Für Baustein IV sind etwa drei Unterrichtsstunden vorgesehen.

1. Das Klosterleben (P)
An dieser Station wird das für die Wahlstationen benötigte Basiswissen vermittelt. In einem ersten Schritt erfahren die Sch einiges über die Bereiche und den Tageslauf in einem Kloster. In einem zweiten Schritt können die Sch mit Hilfe eines Arbeitsblattes ihr Wissen festigen.

Die Sch haben an dieser Station drei Aufgaben zu erledigen:
1. Die Sch vergleichen das Bild des Klosters mit dem Grundriss (Plan auf 190% vergrößern).
2. Die Sch malen die drei Bereiche des Klosters und die entsprechenden Kärtchen farbig an und ordnen die Zeitkarten zu.
3. Die Sch füllen das Arbeitsblatt »Tagesablauf in einem Kloster« aus.

Die Sch können ihre Ergebnisse auf dem Kontrollblatt selbst kontrollieren. Dieses Kontrollblatt wird sinnvollerweise auf die Rückseite des Stationenblattes kopiert (siehe auch S. 8).

2. Buchstabenrätsel (W)
In dem Buchstabenrätsel sind zehn Wörter versteckt, die mit dem Klosterleben zusammenhängen: Gottesdienst – Singen – Krankenpflege – Kirche – Kutte – Betteln – Gebet – Armut – Schweigen – Lesen.
Die Sch schreiben die Wörter auf das Rätselblatt, auf dem Kontrollblatt können sie ihre Arbeit selbst kontrollieren.

3. Kreuzworträtsel (W)
Durch die Lösung des Kreuzworträtsels können die Sch ihr Wissen über die Bereiche und den Tagesablauf im Kloster festigen. Sie finden die folgenden Begriffe: Kapitelsaal – Klostergarten – Dormitorium – Vesper – Bettelsack – Laudes – Refektorium. Daraus ergibt

sich das Lösungswort »Kloster«. Die Sch überprüfen ihre Arbeit mit Hilfe des Kontrollblattes.

4. Cassette mit Mönchsgesängen (W)
An dieser »Hörstation« können die Sch Gesänge anhören, wie sie in den Klöstern gesungen wurden. Für die Cassette bietet der Markt diverse Möglichkeiten (vor allem gregorianische Gesänge).
Die Sch können ihre Eindrücke aufschreiben.

5. Malbild (W)
An dieser Station können die Sch das Bild »Martin Luther als Mönch« anmalen.

6. Spürstation »Buße tun« (W)
Manche Pilger legten sich bei einer Wallfahrt Erbsen in die Schuhe, um ihren Pilgerweg noch beschwerlicher zu gestalten und eine zusätzliche Bußleistung zu erbringen. An dieser Station können die Sch ansatzweise die Beschwerden einer Wallfahrt nachempfinden.
Die Sch benötigen eine besondere Ermutigung, sich an die Spürstation »Buße tun« zu wagen. Ist die erste Scheu überwunden, sind die Sch begeistert bei der Sache.
Hierfür wird den Kindern eine Schale mit getrockneten Erbsen zur Verfügung gestellt. Manche Kinder wollen die Erbsen dann auch auf ihren Erfahrungsbericht kleben.

7. Tagesablauf im Kloster (Uhr) (W)
Hier können die Sch in eine Uhr den Tagesablauf in einem Kloster einzeichnen. Diese Station stellt eine Alternative zu Station 2 (W) dar.

8. Wichtige Stationen im Leben Martin Luthers: Wiederholung (W) Arbeit mit der Setzleiste
Die Arbeit mit der Setzleiste knüpft als Wiederholung an die bisherigen Erzählungen an (s. Abb.).

Setzleisten können fertig gekauft werden; eine günstigere Alternative bietet die Verwendung einer Vorhangschiene. Die Karten mit den Bildern (M 1) und Texten (M 2) werden kopiert, gefaltet, foliert und ausgeschnitten.
In die hintere Kerbe der Setzleiste werden die Karten mit den Bildern der Orte eingesteckt, in die vordere Kerbe jeweils dazugehörende Textkarten. Dreht man am Ende die Setzleiste um, kann man das Lösungswort erkennen: »Martin Luther«.

Unterrichtliche Schritte
1. Bearbeitung der Pflichtstation in Gruppen.
2. Bearbeitung der Wahlstationen durch die Sch in Einzel- oder Partnerarbeit.
   Der Wahlbereich ist offen gestaltet, allerdings sollte eine begonnene Arbeit auch zu Ende geführt werden.

Die Rätselblätter sollten auf der Rückseite der Tischvorlage jeweils mit den Lösungen zur Selbstkontrolle versehen werden.

Stationskarte: Das Klosterleben

<u>Das Klosterleben</u>

In der Zeit, in der Martin Luther lebte, traten viele junge Menschen ins Kloster ein.

Ihre Gründe waren sehr verschieden. Manche Familien brachten ihre Kinder in ein Kloster, damit diese ein Leben lang versorgt waren. Mädchen wurden oft ins Kloster gebracht, weil das Geld für eine Aussteuer der Töchter nicht reichte.

Andere traten freiwillig ins Kloster ein, weil sie Gott in besonderer Weise dienen und gefallen wollten.

Das Leben der Mönche und Nonnen war oft beschwerlich.

Aufgabe 1 Eine/r liest den anderen den Text laut vor.

Aufgabe 2 Auf dem Bild und dem Plan seht ihr, wie eine Klosteranlage aussah. Der Plan zeigt den Grundriss des abgebildeten Klosters. Malt auf dem Plan die drei Bereiche der Klosteranlage und die dazugehörenden Kärtchen farbig an.
Innerer Klosterbereich: rot
Wirtschaftsbereich: gelb
diakonischer Bereich: grün

Sucht auch auf dem Bild, wo sich die Bereiche befinden.

Aufgabe 3 Nun könnt ihr euch einen Tagesplan nehmen und ihn mit Hilfe der Kärtchen ausfüllen. Wenn ihr eure Aufgabe erledigt habt, könnt ihr sie mit Hilfe des Kontrollblattes überprüfen.

Schülerblatt: Das Klosterleben (Aufgabe 2)

Auf dem Bild und dem Plan seht ihr, wie eine Klosteranlage aussah. Der Plan zeigt den Grundriss des abgebildeten Klosters. Malt auf den Plan die drei Bereiche der Klosteranlage und die dazugehörenden Kärtchen farbig an.

Innerer Klosterbereich: rot

Wirtschaftsbereich: gelb

diakonischer Bereich: grün

Sucht auch auf dem Bild, wo sich die Bereiche befinden. Ordnet die Zeitkarten den Bereichen zu.

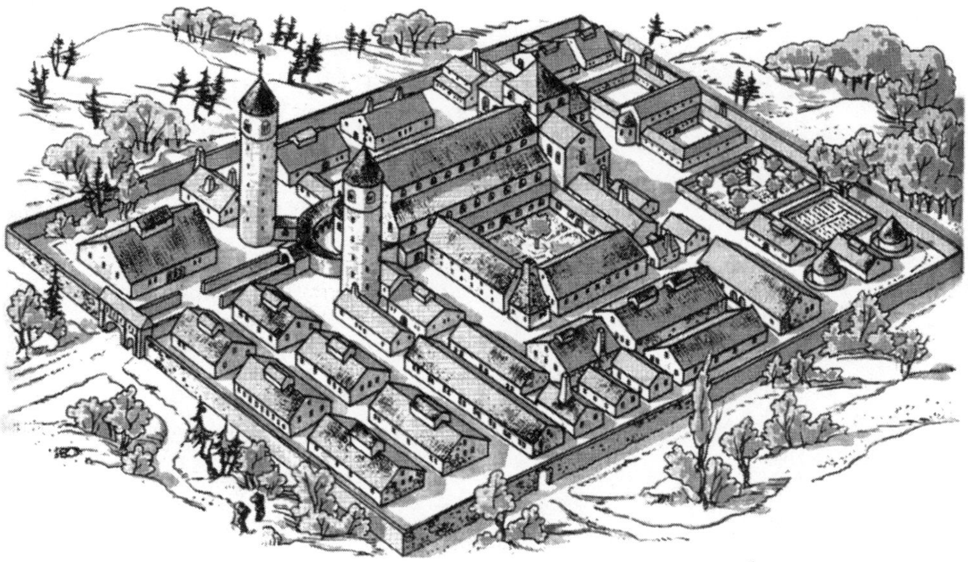

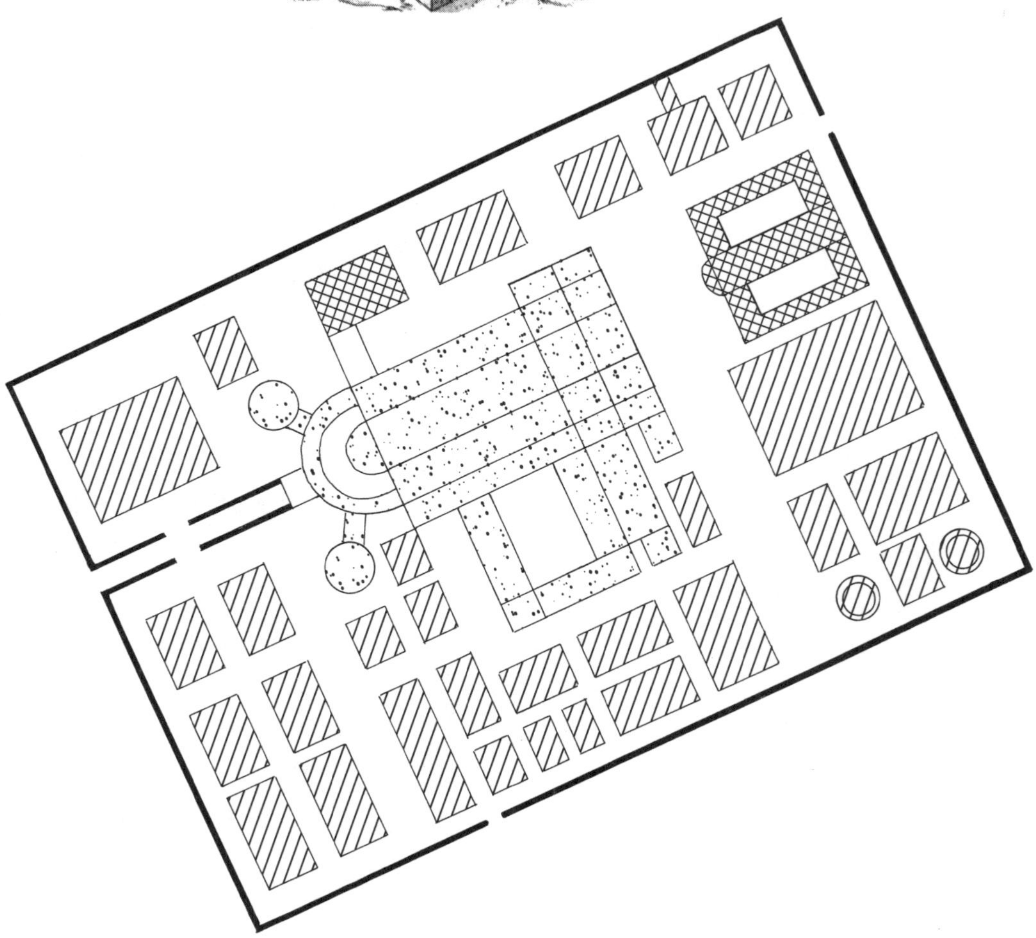

Innerer Klosterbereich
- Kirche
- Kreuzgang
- Klostergebäude mit
  - Kapitelsaal (Versammlungsraum)
  - Refektorium (Speisesaal)
  - Dormitorium (Schlafsaal)

Wirtschaftsbereich
- Klostergarten
- Ställe
- Vorratsgebäude
- Küche
- Weinkeller

Diakonischer Bereich
- Krankenhaus
- Gästehaus für Durchreisende

4.30 bis 6.00 Uhr
Arbeit im Klostergarten

8.00 bis 9.00 Uhr
Pflege der Kranken im Krankenhaus

4.00 Uhr Laudes (Gotteslob)
6.00 Uhr Prim (Morgengebet)
9.00 Uhr Terz (Stundengebet)
12.00 Uhr Sext (Stundengebet)
15.00 Uhr Non (Stundengebet)
18.00 Uhr Vesper (Stundengebet)
21.00 Uhr Komplet (Abendgebet)
0.00 Uhr Mitternachtsmette
in der Kirche

15.30 bis 18.00 Uhr
Betteln mit dem Bettelsack in den Straßen der Stadt

6.30 bis 8.00 Uhr
Beratungen, Schuldbekenntnisse, Strafen
10.00 bis 12.00 Uhr; 19.00 bis 21.00 Uhr
Gemeinsame Studienzeiten und Lesungen
im Kapitelsaal

12.30 Uhr
Gemeinsamens Mittagessen (schweigend) im Refektorium

13.00 bis 15.00 Uhr Mittagsruhe
21.30 bis 0.00 Uhr; 0.30 bis 4.00 Uhr
Nachtruhe im Dormitorium oder in Einzelzellen

Schülerblatt: Das Klosterleben (Aufgabe 3)

Tagesablauf in einem Kloster

1. Trage den Tagesablauf in die Tabelle ein.
   Was tun die Mönche?
   Wo tun sie es?
2. Die Mönche verrichten verschiedene Aufgaben. Schreibe jeweils unter das Bild, was sie tun.

4.00 Uhr

4.30 Uhr– 6.00 Uhr

6.00 Uhr

6.30 Uhr– 8.00 Uhr

8.00 Uhr– 9.00 Uhr

9.00 Uhr

10.00 Uhr–12.00 Uhr

12.00 Uhr

12.30 Uhr

13.00 Uhr–15.00 Uhr

15.00 Uhr

15.30 Uhr–18.00 Uhr

18.00 Uhr

19.00 Uhr–21.00 Uhr

21.00 Uhr

24.00 Uhr

0.30 Uhr– 4.00 Uhr

Kontrollblatt: Das Klosterleben (Aufgabe 3)

Tagesablauf in einem Kloster

4.00 Uhr	*Laudes (Gotteslob), Kirche*
4.30 Uhr– 6.00 Uhr	*Arbeit im Klostergarten*
6.00 Uhr	*Prim (Morgengebet), Kirche*
6.30 Uhr– 8.00 Uhr	*Beratungen, Schuldbekenntnisse* *Strafen, Kapitelsaal*
8.00 Uhr– 9.00 Uhr	*Arbeit im Siechenhaus*
9.00 Uhr	*Terz (Stundengebet), Kirche*
10.00 Uhr–12.00 Uhr	*Studienzeiten* *Lesungen unter Aufsicht eines Lehrers* *Kapitelsaal*
12.00 Uhr	*Sext (Stundengebet), Kirche*
12.30 Uhr	*Gemeinsames Mittagessen, schweigend* *Refektorium (Speisesaal)*
13.00 Uhr–15.00 Uhr	*Mittagsruhe*
15.00 Uhr	*Non (Stundengebet), Kirche*
15.30 Uhr–18.00 Uhr	*Betteln mit dem Bettelsack in den Straßen der Stadt*
18.00 Uhr	*Vesper (Stundengebet), Kirche*
19.00 Uhr–21.00 Uhr	*Studienzeiten* *Lesungen, Kapitelsaal*
21.00 Uhr	*Komplet (Abendgebet), Kirche*
24.00 Uhr	*Mitternachtsmette, Kirche*
0.30 Uhr– 4.00 Uhr	*Nachtruhe, Dormitorium (Schlafsaal) oder in Einzelzellen*

Stationskarte: Rätselblatt

In diesem Rätsel sind zehn Wörter versteckt, die alle etwas mit dem Klosterleben zu tun haben.
Suche waagrecht und senkrecht. Schreibe die Wörter unten auf das Blatt.

C	B	G	O	T	T	E	S	D	I	E	N	S	T	Z	Y	M	S
G	S	Q	X	W	A	B	L	W	E	T	K	L	C	B	K	U	I
M	P	E	I	U	Z	X	V	T	O	Ä	C	B	R	E	A	Q	N
W	K	R	A	N	K	E	N	P	F	L	E	G	E	S	I	T	G
M	I	Q	G	J	K	L	P	R	C	H	X	A	Y	G	Ö	I	E
Ä	R	Ö	L	K	H	K	G	T	Q	W	B	E	T	T	E	L	N
Ü	C	P	Z	O	I	U	Z	T	R	E	W	Q	A	S	D	F	G
W	H	E	K	Z	X	T	N	B	V	C	Y	Ä	Ö	L	K	J	H
S	E	W	U	R	Q	T	B	F	D	J	K	T	I	L	Ö	Q	O
L	K	G	Ä	H	Y	E	O	H	E	D	G	E	B	E	T	V	Ü
Q	W	T	E	R	Z	O	Ü	B	F	K	X	Q	H	J	T	R	A
P	A	R	M	U	T	W	D	Q	S	C	H	W	E	I	G	E	N
Ä	C	G	J	Ö	M	N	F	E	Y	Z	R	H	L	G	T	W	X
I	K	Z	A	I	U	P	L	E	S	E	N	U	J	Ä	F	D	G

Schülerblatt: Rätselblatt

In diesem Rätsel sind zehn Wörter versteckt, die alle etwas mit dem Klosterleben zu tun haben.
Suche waagrecht und senkrecht. Schreibe die Wörter unten auf das Blatt.

C	B	G	O	T	T	E	S	D	I	E	N	S	T	Z	Y	M	S
G	S	Q	X	W	A	B	L	W	E	T	K	L	C	B	K	U	I
M	P	E	I	U	Z	X	V	T	O	Ä	C	B	R	E	A	Q	N
W	K	R	A	N	K	E	N	P	F	L	E	G	E	S	I	T	G
M	I	Q	G	J	K	L	P	R	C	H	X	A	Y	G	Ö	I	E
Ä	R	Ö	L	K	H	K	G	T	Q	W	B	E	T	T	E	L	N
Ü	C	P	Z	O	I	U	Z	T	R	E	W	Q	A	S	D	F	G
W	H	E	K	Z	X	T	N	B	V	C	Y	Ä	Ö	L	K	J	H
S	E	W	U	R	Q	T	B	F	D	J	K	T	I	L	Ö	Q	O
L	K	G	Ä	H	Y	E	O	H	E	D	G	E	B	E	T	V	Ü
Q	W	T	E	R	Z	O	Ü	B	F	K	X	Q	H	J	T	R	A
P	A	R	M	U	T	W	D	Q	S	C	H	W	E	I	G	E	N
Ä	C	G	J	Ö	M	N	F	E	Y	Z	R	H	L	G	T	W	X
I	K	Z	A	I	U	P	L	E	S	E	N	U	J	Ä	F	D	G

Kontrollblatt: Lösungen Rätselblatt

Hast du alle Wörter gefunden? Hier kannst du deine Antworten kontrollieren.

		G	O	T	T	E	S	D	I	E	N	S	T				S
																	I
																	N
	K	R	A	N	K	E	N	P	F	L	E	G	E				G
	I																E
	R					K					B	E	T	T	E	L	N
	C					U											
	H					T											
	E					T											
						E					G	E	B	E	T		
	A	R	M	U	T				S	C	H	W	E	I	G	E	N
							L	E	S	E	N						

Stationskarte: Kreuzworträtsel

Fülle das Kreuzworträtsel aus. Wenn du Schwierigkeiten hast, kannst du noch einmal bei Station 1 nachsehen.
Wenn du fertig bist, kannst du deine Ergebnisse mit Hilfe des Kontrollblatts überprüfen.

Fragen zum Rätsel

1. In diesem Raum fanden Beratungen und Lesungen statt.
2. Hier wurden Kräuter, Heilpflanzen und Gemüse angebaut.
3. Der lateinische Name für den Schlafsaal.
4. Wie heißt das Stundengebet um 18.00 Uhr?
5. Hierin wurden Spenden gesammelt.
6. Das erste Gebet beginnt um 4.00 Uhr morgens. Sein lateinischer Name bedeutet übersetzt Gottes Lob.
7. Das gemeinsame Essen fand in diesem Raum statt.

↓

1.
2.
3.
4.
5.
6.
7.

Das Lösungswort sagt dir, womit alle Begriffe zu tun haben. Trage es ein.

Lösungswort:

Schülerblatt: Kreuzworträtsel

Fülle das Kreuzworträtsel aus. Wenn du Schwierigkeiten hast, kannst du noch einmal bei Station 1 nachsehen.
Wenn du fertig bist, kannst du deine Ergebnisse mit Hilfe des Kontrollblatts überprüfen.

Fragen zum Rätsel

1. In diesem Raum fanden Beratungen und Lesungen statt.
2. Hier wurden Kräuter, Heilpflanzen und Gemüse angebaut.
3. Der lateinische Name für den Schlafsaal.
4. Wie heißt das Stundengebet um 18.00 Uhr?
5. Hierin wurden Spenden gesammelt.
6. Das erste Gebet beginnt um 4.00 Uhr morgens. Sein lateinischer Name bedeutet übersetzt Gottes Lob.
7. Das gemeinsame Essen fand in diesem Raum statt.

1.
2.
3.
4.
5.
6.
7.

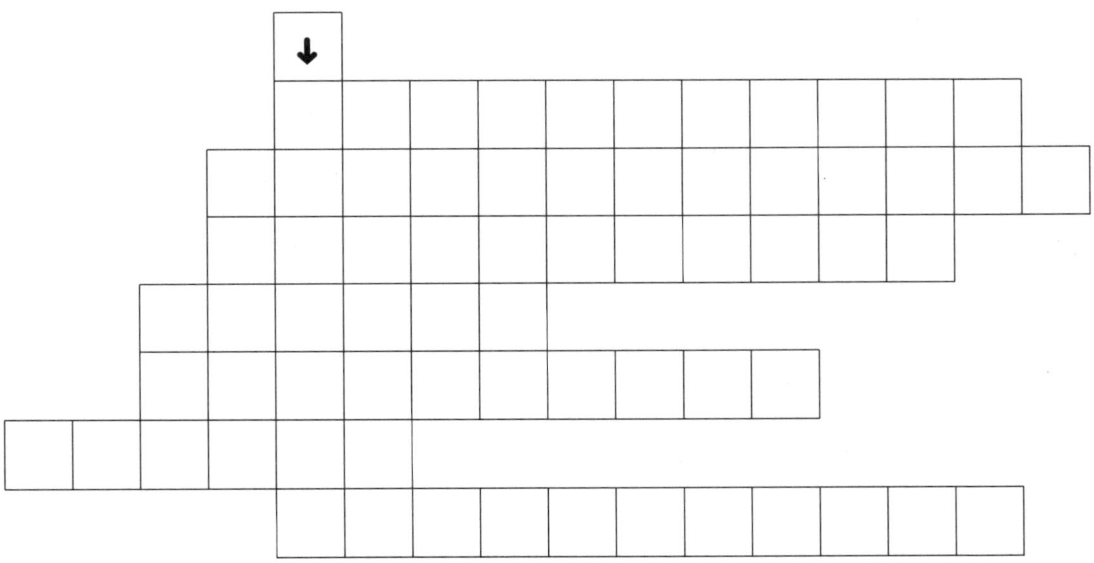

Das Lösungswort sagt dir, womit alle Begriffe zu tun haben. Trage es ein.

Lösungswort:

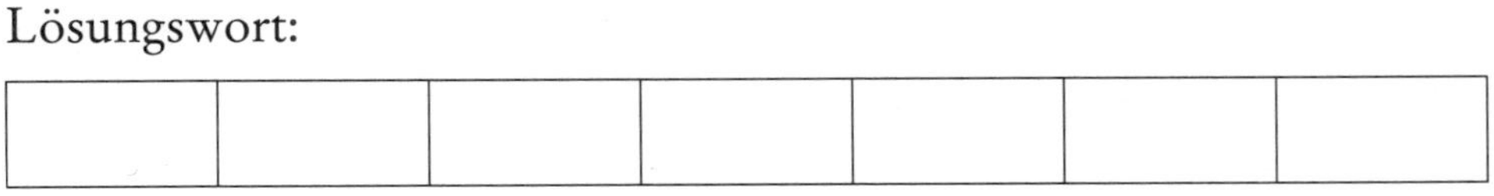

Kontrollblatt: Lösungen Kreuzworträtsel

1. In diesem Raum fanden Beratungen und Lesungen statt.
2. Hier wurden Kräuter, Heilpflanzen und Gemüse angebaut.
3. Der lateinische Name für den Schlafsaal.
4. Wie heißt das Stundengebet um 18.00 Uhr?
5. Hierin wurden Spenden gesammelt.
6. Das erste Gebet beginnt um 4.00 Uhr morgens. Sein lateinischer Name bedeutet übersetzt Gottes Lob.
7. Das gemeinsame Essen fand in diesem Raum statt.

					↓											
1.					K	A	P	I	T	E	L	S	A	A	L	
2.				K	L	O	S	T	E	R	G	A	R	T	E	N
3.				D	O	R	M	I	T	O	R	I	U	M		
4.			V	E	S	P	E	R								
5.			B	E	T	T	E	L	S	A	C	K				
6.	L	A	U	D	E	S										
7.					R	E	F	E	K	T	O	R	I	U	M	

Das Lösungswort sagt dir, womit alle Begriffe zu tun haben. Trage es ein.

Lösungswort:

K	L	O	S	T	E	R

Stationskarte (W): Hörstation Klosterleben

Auf der Cassette kannst du dir Musik anhören, wie sie in den Klöstern gesungen wurde. Wenn du möchtest, kannst du aufschreiben, wie dir die Musik gefallen hat.

Stationskarte: Martin Luther als Mönch – Malbild

An dieser Station siehst du Martin Luther als Mönch.

Seine Kleidung sah folgendermaßen aus:
- eine schwarze Kutte
- ein schmales, weißes Tuch
- ein weißes Untergewand

Male das Bild entsprechend an.

Schülerblatt: Martin Luther als Mönch – Malbild

Auf diesem Bild ist Martin Luther als Mönch dargestellt.

Seine Kleidung sah folgendermaßen aus:
- eine schwarze Kutte
- ein schmales, weißes Tuch
- ein weißes Untergewand

Male das Bild entsprechend an.

Stationskarte: Buße tun – Spürstation

Um Gott zu zeigen, dass man ihn um Vergebung der Sünden bitten will, unternahmen viele Menschen Wallfahrten. Das bedeutet, sie sind oft zu Fuß lange Strecken zu einem besonderen Ort gewandert.

Damit Gott sehen konnte, dass man seine Schuld tief bereut, haben sich manche Leute Erbsen in die Schuhe gelegt und sind so gelaufen.

Aufgabe 1 Wenn du einmal spüren willst, wie das ist, dann lege in jeden deiner Schuhe 4 bis 5 Erbsen und gehe mehrmals durch das Zimmer.

Aufgabe 2 Schreibe auf, wie es dir dabei erging und male ein Bild dazu.

Aufgabe 3 Wie verhältst du dich, wenn du etwas Böses getan hast und zeigen willst, dass es dir leid tut? Schreibe es auf.

Stationskarte: Tagesablauf im Kloster

Du kannst in die Uhr mit Zeigern den Tagesablauf in einem Kloster einzeichnen. Am besten nimmst du dazu verschiedenfarbige Buntstifte und schreibst jeweils auf die Zeiger.

Schülerblatt: Tagesablauf im Kloster

Du kannst in die Uhr mit Zeigern den Tagesablauf in einem Kloster einzeichnen. Am besten nimmst du dazu verschiedenfarbige Buntstifte und schreibst jeweils auf die Zeiger.

Stationskarte: Wichtige Stationen im Leben Martin Luthers
Wiederholung

Hier kannst du mit der Setzleiste arbeiten.

Ordne in den hinteren Teil die Bilder in der richtigen Reihenfolge ein.
In den vorderen Teil stecke den dazugehörigen Text.

Wenn du die Bilder und den Text richtig geordnet hast und die Setzleiste umdrehst, kannst du das Lösungswort lesen.

Kontrolliere es mit Hilfe des Kontrollblattes.

Kopiervorlage M1

L	Eisleben

U	Mansfeld

T	Magdeburg
	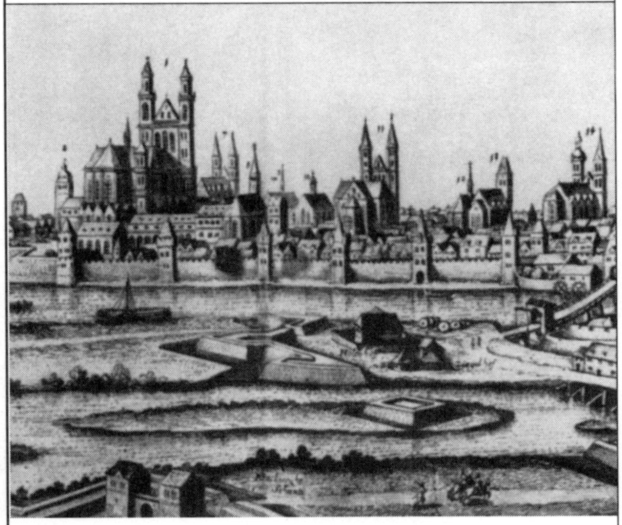

H

Eisenach

E

Erfurt

R	Erfurter Kloster

Kopiervorlage M2

M	Hier wurde Martin Luther geboren. Seine Eltern nennen ihn Martin, weil er am Martinstag getauft wird.
A	Hierher zieht Martin Luthers Familie. Der Vater übernimmt ein kleines Bergwerk.
R	Weil Kinder in kleinen Städten nur Lesen und Schreiben lernen können, geht Martin Luther hier weiter zur Schule.

T	Das Ende seiner Schulzeit verbringt Martin Luther hier. Er wird von Familie Cotta aufgenommen. Dadurch ist für ihn gut gesorgt.
I	Martin Luther wird Student. Aus ihm soll ein bedeutender Rechtsgelehrter werden.
N	Nach seinem »Blitzerlebnis« beschließt Martin Luther, Mönch zu werden. Er tritt in das Augustinerkloster ein.

Baustein V: Luthers reformatorische Erkenntnis

Erzählung

Methodisch-didaktische Überlegungen

Um mit dem schwierigen Sachverhalt von Luthers reformatorischer Erkenntnis am Erfahrungshorizont der Sch anzuknüpfen, wird hier mit der Geschichte vom Verlorenen Sohn gearbeitet. Der Bildungsplan von Baden-Württemberg empfiehlt diese Vorgehensweise, obwohl der Sachverhalt historisch nicht zutrifft. Bedacht werden muss dabei, ob die Geschichte den Sch bereits bekannt ist oder neu eingeführt wird. Entsprechend sind die methodischen Zugänge unterschiedlich. Der Vergleichspunkt zwischen der Geschichte vom verlorenen Sohn bzw. vom gütigen Vater und Luthers reformatorischer Erkenntnis liegt in der überraschenden, voraussetzungslosen Liebe, mit der Gott sich dem Menschen zuwendet. Methodisch wird dieser Zusammenhang dadurch vertieft, dass die Kinder um die Figur Martin Luthers (in verzweifelter Haltung) Bilder der Geschichte vom verlorenen Sohn legen.
Für Baustein V sind ein bis zwei Unterrichtsstunden vorgesehen.

Unterrichtliche Schritte

1. Lehrererzählung M 1a
2. Die Sch stellen eine Eglifigur (oder Pfeifenputzermännchen, vgl. dazu die Abbildung), die dieses Ringen Luthers darstellt.
   Pfeifenputzer eignen sich gut, um Figuren in den unterschiedlichsten Körperhaltungen darzustellen. Dazu nimmt man zwei Pfeifenputzer und biegt aus dem einen Kopf und Arme, aus dem anderen Körper und Beine. Durch Zusammendrehen werden beide Teile verbunden. Es sollte darauf geachtet werden, die Figuren nicht zu groß zu gestalten, sonst leidet die Standfestigkeit.

3. Fortsetzung der Lehrererzählung M 1b
   a) Wenn die Geschichte den Kindern bereits bekannt ist:
   Bilder, die die Geschichte vom gütigen Vater erzählen (M 3), werden um die Figur gelegt. Die Sch erinnern sich, bringen die Bilder in die richtige Reihenfolge, erzählen sich gegenseitig die Geschichte. Im Verlauf der Erzählung oder im Anschluss an die Erzählung sollte durch entsprechende Impulse die Bedeutung geklärt werden (Gott der gütige Vater, der die Menschen bedingungslos annimmt, keine Vorleistung durch den Menschen, allein Gottes Liebe ist entscheidend).
   b) Wenn die Kinder die Geschichte noch nicht kennen:
   Die Geschichte Lk 15,11–23 wahlweise frei erzählen oder aus der Bibel vorlesen. Während der Erzählung legen die Kinder die Bilder M 3 um die Figur.

4. Die Sch gestalten nun die Eglifigur (bzw. die Pfeifenputzer) neu: »Wie verändert sich die Haltung Luthers?«
5. Sie vertiefen das Gehörte in der Erarbeitung des Arbeitsblattes (M 2). In die Sprechblase malen oder schreiben die Kinder, was ihnen in der Geschichte wichtig geworden ist. In das leere Gesicht der Figur können die Sch ein Foto von sich einkleben. Dazu sollten die Kinder entweder Bilder von zu Hause mitbringen, oder der Lehrer fotografiert die Kinder einzeln. Letzteres geschieht sinnvollerweise zu Beginn der UE. Dadurch kann eine fruchtbare Spannung erzeugt werden: Die Kinder sind gespannt darauf, wozu die Bilder benötigt werden. Alternativ können sich die Kinder auch selbst in die Figur hineinmalen.

M 1a: Luther ringt um einen gnädigen Gott – Erzählung

»Johannes, du hast mir so fleißig geholfen, dass die Arbeit im Garten nun schon erledigt ist; komm, wir ruhen uns ein wenig hier auf der Bank aus.« Margarete Luther lächelt ihrem Enkel Johannes aufmunternd zu. Johannes lässt sich das nicht zweimal sagen. Schnell setzt er sich neben sie und hat auch schon eine Idee: »Großmutter, wenn wir jetzt ein bisschen Zeit haben, könntest du mir doch weitererzählen, wie es war, als Vater jung war.« Margarete Luther lacht: »Eigentlich wollte ich wirklich nur ausruhen. Aber nun gut, wenn du dir das wünschst.«

Johannes klatscht begeistert in die Hände. »Deine letzte Geschichte hat damit aufgehört, dass mein Vater zum Priester geweiht wurde und Großvater sich mit ihm versöhnt hat.«

Die Großmutter nickt: »Ja, richtig. Dein Großvater erzählte mir stolz von dem feierlichen Gottesdienst. Ich war froh, dass sich die beiden nun endlich ausgesöhnt hatten. Bald darauf bestimmte sein Orden, dass dein Vater Theologie studieren sollte. Er lernte viel über die Lehre der Kirche.

Da er ein eifriger Student war, bekam er immer mehr Aufgaben übertragen, und schließlich wurde er hier in Wittenberg Professor.

In all den Jahren war dein Vater aber kein zufriedener Mensch geworden. Das, was wir in seinen Briefen an uns und von seinen Freunden über ihn hörten, beunruhigte uns. Dein Vater nahm es mit der Erfüllung guter Werke mehr als genau. Er fastete häufiger, als man von ihm erwartete, er schlief viele Nächte nicht, schlug sich oft selber mit einer Rute und beichtete immer wieder auch die kleinsten Verfehlungen. Man musste sich auch über seine Gesundheit große Sorgen machen.«

[Unterbrechung: Sch erstellen Pfeifenputzermännchen]

M 1b

»All dies half ihm aber nicht in seinem Bemühen Gott zu gefallen. Nie hatte er das Gefühl genug getan zu haben.

Bis dein Vater eines Tages eine Geschichte Jesu las, die ihm eine große Hilfe wurde.«

[Lukas 15]

Schülerblatt: M 2

Die biblische Geschichte vom gütigen Vater zeigt mir, wie Gott ist:

Kopiervorlage: M 3

Baustein VI: Ablass und Reichstag in Worms

Erzählung

Methodisch-didaktische Überlegungen

In Baustein VI werden die Konflikte Luthers mit seiner Kirche anhand des Ablassstreites und der Ereignisse vor dem Reichstag in Worms aufgezeigt, die sich aus seiner reformatorischen Erkenntnis ergaben. Die Erzählung führt die Lebensgeschichte Martin Luthers weiter. Der Anknüpfungspunkt am Erfahrungshorizont der Sch ist Luthers Mut, mit dem er aufgrund seines Glaubens vor Kaiser und Reich standhaft bleibt, eine Haltung, die Kinder erfahrungsgemäß stark beeindruckt.
Beim komplizierten Problem des Ablasses wird nur dessen Missbrauch durch Tetzel angesprochen. Nicht eingegangen wird auf die theologische Unterscheidung zwischen »ewiger Verdammnis« und »zeitlichen Sündenstrafen«: Erst wenn ein Mensch seine Tat bereute und ihm die ewige Schuld vergeben war, konnte die Kirche aufgrund des Schatzes an guten Werken, den sie durch ihre Heiligen angesammelt hatte, die zeitlichen Strafen im Fegefeuer vermindern.

Die Geschichte ist so angelegt, dass das weitere Ergehen Martin Luthers offen bleibt. Die Erarbeitung der nächsten Freiarbeitsstationen in Baustein VII bringt die Lösung.
Für Baustein VI ist etwa eine Unterrichtsstunde vorgesehen.

Erzählung

Johannes sitzt aufrecht in seinem Bett. »Großmutter, du hast gesagt, wenn ich wieder gesund bin, erzählst du mir weiter. Ich bin schon fast gesund, mein Fieber ist weg und es ist mir langweilig. Ich möchte nicht allein im Zimmer bleiben.«

Seine Großmutter Margarete sieht ihn prüfend an. »Ob das wohl stimmt? Du siehst noch sehr blass aus. Aber gut, ich will dir eine Weile die Zeit vertreiben. Dann musst du dich aber wieder ausruhen, versprichst du mir das?« Johannes nickt. »Versprochen, Hauptsache du erzählst mir weiter, ich kann es kaum noch erwarten.«

Margarete Luther nimmt sich einen Stuhl und setzt sich an das Bett von Johannes. »Wo waren wir stehengeblieben? Ach ja richtig, hier in diesem Haus in Wittenberg.

Dein Vater war inzwischen ein berühmter Professor geworden. Viele Studenten kamen hierher nach Wittenberg, um bei ihm zu studieren. Er hatte viel Arbeit: seine Vorlesungen, sein Studium der Bücher, die Arbeit für seinen Orden und natürlich sein Priesteramt. Langweilig wurde es ihm bestimmt nie, aber er hat ja schon sein ganzes Leben lang fleißig gearbeitet und sich nie geschont. Mit Begeisterung erzählte er seinen Studenten von seiner neuen Erkenntnis: ›Gott schenkt den Menschen seine Liebe. Sie müssen sie sich nicht verdienen. Nicht ihre guten Werke bringen sie Gott näher, sondern er kommt ihnen mit seiner Liebe entgegen, er schenkt sich den Menschen.‹ Viele seiner Freunde und Studenten waren begeistert. Ja, so verstanden sie die biblischen Geschichten neu.

Aber dein Vater nahm auch seine Pflichten als Priester ernst. Fast täglich saß er im Beichtstuhl und hörte sich die Sünden seiner Gemeinde an. Er verstand die Menschen und ihre Schwächen und sprach sie nach der Beichte im Namen Gottes von ihrer Schuld frei.

Eines Tages saß er wieder im Beichtstuhl und nahm die Beichte ab. Ein Mann hatte einen schweren Diebstahl begangen. Als dein Vater ihn fragte, ob er seine Tat bereue, antwortete der Mann: ›Ich brauche meine Tat nicht zu bereuen, ich habe dafür beim Ablassprediger Tetzel einen Ablassbrief gekauft. Sprich du mich dafür von meiner Schuld frei‹. Dein Vater ließ sich nicht darauf ein. ›Ohne deine Einsicht, dass du etwas falsch gemacht hast, kann ich dir deine Schuld nicht vergeben.‹ Daraufhin verließ der Mann zornig den Beichtstuhl und rief: ›Dann suche ich mir eben einen anderen Priester. Der Ablassbrief gilt, selbst der Papst ist damit einverstanden.‹

Dieses Erlebnis erschreckte deinen Vater, aber es blieb keine Ausnahme. Immer öfter kamen die Leute mit ihren Ablassbriefen und wollten ohne Einsehen und Wiedergutmachung von ihrer Schuld losgesprochen werden.

Das konnte dein Vater nicht gelten lassen. Er wusste, dass man Vergebung nicht kaufen kann. Gott schenkt sie denen, die ihre Schuld bereuen, ganz umsonst.

Er dachte nach und fasste einen Entschluss: Er wollte mit den anderen Theologen darüber disputieren und ihre Meinung dazu hören. Als Grundlage schrieb er 95 Thesen über den Ablass. An der Schlosskirche in Wittenberg hängte er sie am 31. Oktober 1517 aus. In den 95 Thesen schrieb er z. B.: Wichtig sind nicht Ablassbriefe, sondern wichtig ist es, dass ein Mensch seine bösen Taten aufrichtig bereut und Besserung verspricht.

So wie deinem Vater war es vielen ergangen, auch sie waren mit dem Ablasshandel nicht einverstanden und sie sorgten dafür, dass die Thesen bald in ganz Deutschland bekannt wurden.

Aber Tetzel hatte die Kirche und den Papst auf seiner Seite und so kam es schließlich so weit, dass dein Vater aus der Gemeinschaft der Kirche ausgeschlossen wurde.
Doch damit nicht genug, selbst der Kaiser nahm sich der ›Sache Luther‹ an. Er bestellte deinen Vater auf den Reichstag nach Worms.
Auf der Reise dorthin sprachen ihm viele Menschen Mut zu und bestärkten ihn, ›Luther, verliere nicht deinen Mut, lass dich nicht einschüchtern von den Mächtigen in Worms.‹ Auf dem Weg zum Reichstag rief ihm einer zu: ›Mönchlein, Mönchlein du gehst einen schweren Gang!‹ Und damit hatte er recht, denn wenn der Kaiser deinen Vater verurteilen würde, konnte das seinen Tod bedeuten.
Dein Vater blieb trotz dieser Gefahr bei seiner Überzeugung, und als der Kaiser ihn aufforderte, seine Schriften zu widerrufen und seinen Irrtum einzugestehen, antwortete er: ›Nur wenn ihr mir meinen Irrtum aus der Bibel nachweisen könnt, werde ich widerrufen.‹
Damit hatte er sein Urteil selbst gesprochen. Der Kaiser verhängte die Reichsacht über ihn, und er war damit vogelfrei. Niemand durfte ihm helfen. Wer ihn traf, sollte ihn tot oder lebendig dem Kaiser ausliefern. Das einzige, was man deinem Vater zugesagt hatte, war der Schutz bis zu seiner Rückkehr nach Wittenberg. Dann war er seinen Feinden ausgeliefert.
Wir machten uns große Sorgen um sein Leben, denn plötzlich kam die Nachricht, dass Martin auf der Rückreise nach Wittenberg entführt worden sei. Niemand wusste, ob er überhaupt noch am Leben ist.
Hatten seine Feinde ihn schon unterwegs überfallen und umgebracht? War er das Opfer von Räubern geworden? Keiner wusste die Antwort darauf.«

Reichsacht: Strafe, durch die man keine Rechte mehr hat

Baustein VII: Luther auf der Wartburg (im Versteck)

Freiarbeit an vier Stationen

Methodisch-didaktische Überlegungen

Der Begriff Freiarbeit im engeren Sinne trifft für Baustein VII nicht ganz zu, weil alle vier Stationen von allen Sch erarbeitet werden sollen. Er wird dennoch verwendet, da die Inhalte der vier Stationen in beliebiger Reihenfolge und nach dem je eigenen Tempo der Sch spielerisch erarbeitet werden können.

Station 1 Luther wird zum Schein überfallen und auf die Wartburg gebracht. Durch das Bilderrätsel suchen die Sch den Aufenthaltsort Luthers. Die Anfangsbuchstaben der jeweiligen Bilder aneinandergereiht ergeben das Lösungswort.

Station 2 Mit Hilfe eines Labyrinths finden die Sch heraus, dass Friedrich der Weise Luther zu dessen eigener Sicherheit auf die Wartburg bringen ließ.

Station 3 Mit Hilfe eines Puzzles erfahren die Sch, dass sich Luther zur Tarnung einen Bart und die Haare wachsen ließ.

Station 4 Mit Hilfe eines verschlüsselten (spiegelverkehrten) Briefes erfahren die Sch, dass Luther das Neue Testament ins Deutsche übersetzen will.

Die Sch tragen ihre Lösungen an jeder Station in das Antwortblatt ein. Am Ende vergleichen sie es mit dem Kontrollblatt.

Stationskarte: Labyrinth

Im Thüringer Wald wird Martin Luther plötzlich überfallen und aus der Kutsche gezerrt. Wo ist er jetzt?

Starte im Feld links unten und suche den richtigen Weg durch die Bildfelder; dann gelangst du zu Luthers Aufenthaltsort. Wenn du die Anfangsbuchstaben der Bilder aneinanderreihst, so erfährst du, wie der Ort heißt. Schreibe den Ort auf das Antwortblatt.

Lösung:

Martin Luther versteckt sich auf der ________.

auf der ________.

Schülerblatt: Labyrinth

Im Thüringer Wald wird Martin Luther plötzlich überfallen und aus der Kutsche gezerrt. Wo ist er jetzt?

Starte im Feld links unten und suche den richtigen Weg durch die Bildfelder; dann gelangst du zu Luthers Aufenthaltsort. Wenn du die Anfangsbuchstaben der Bilder aneinanderreihst, so erfährst du, wie der Ort heißt. Schreibe den Ort auf das Antwortblatt.

Stationskarte: Suchbild

Nun ist Martin Luther in Sicherheit. Wer hat ihn dorthin bringen lassen?

Waren es	1. die Eltern?
War es	2. Tetzel?
War es	3. der Abt seines Klosters?
War es	4. Friedrich der Weise?
War es	5. Johannes Gutenberg?

Suche die richtige Antwort anhand des Wegbildes und schreibe den Namen auf dein Antwortblatt.

Schülerblatt: Suchbild

Nun ist Martin Luther in Sicherheit. Wer hat ihn dorthin bringen lassen?

Waren es 1. die Eltern?
War es 2. Tetzel?
War es 3. der Abt seines Klosters?
War es 4. Friedrich der Weise?
War es 5. Johannes Gutenberg?

Suche die richtige Antwort anhand des Wegbildes und schreibe den Namen auf dein Antwortblatt.

Stationskarte: Puzzle

Niemand darf Luther erkennen, deswegen muss er sich tarnen.
Wie er das macht, erfährst du mit Hilfe des Puzzles. Setze es zusammen und schreibe die Antwort auf das Antwortblatt.

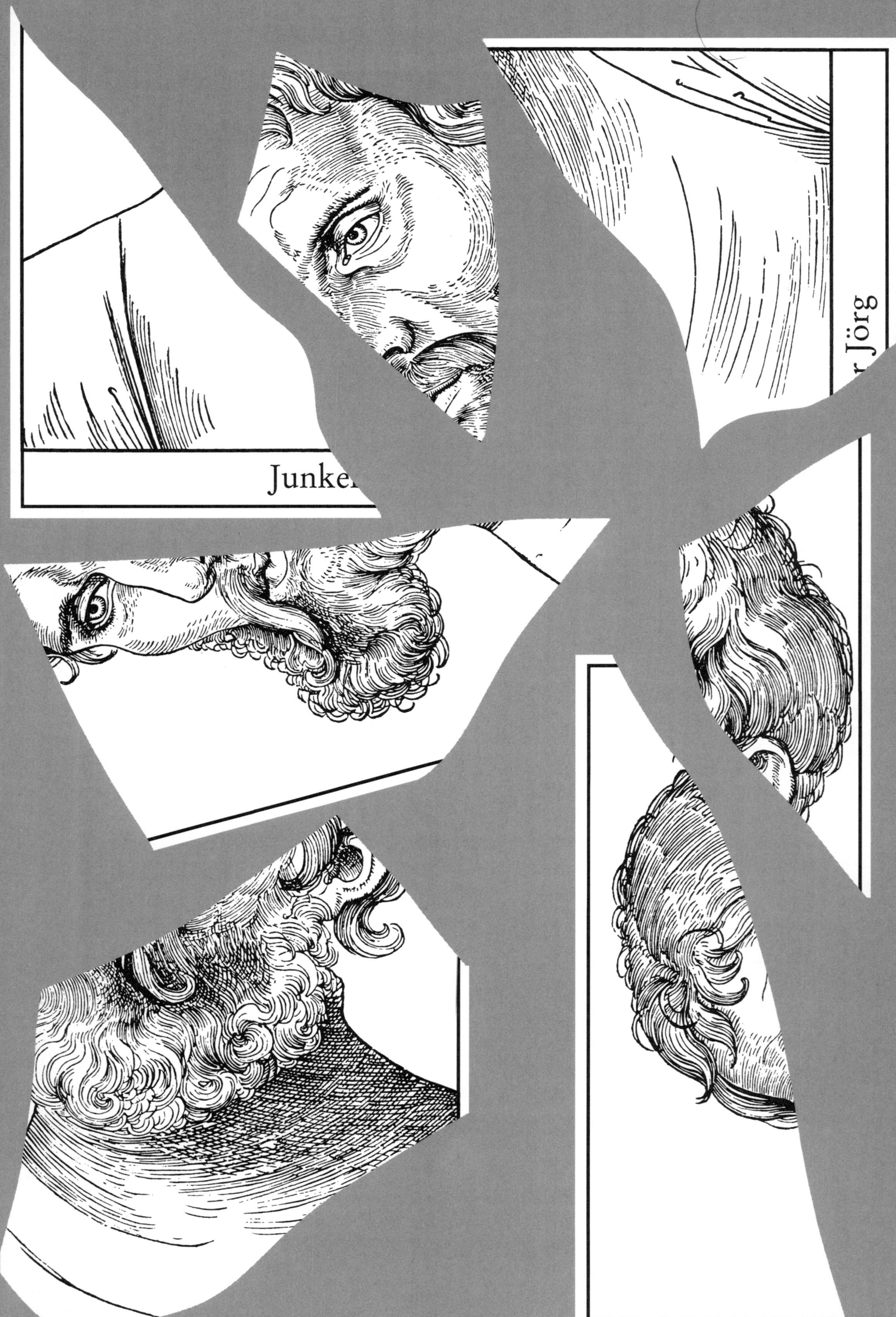
Junke
r Jörg

Stationskarte: Eine Nachricht aus dem Versteck

Eine Nachricht aus dem Versteck. Wer kann sie entziffern?

Was hat Martin Luther vor?

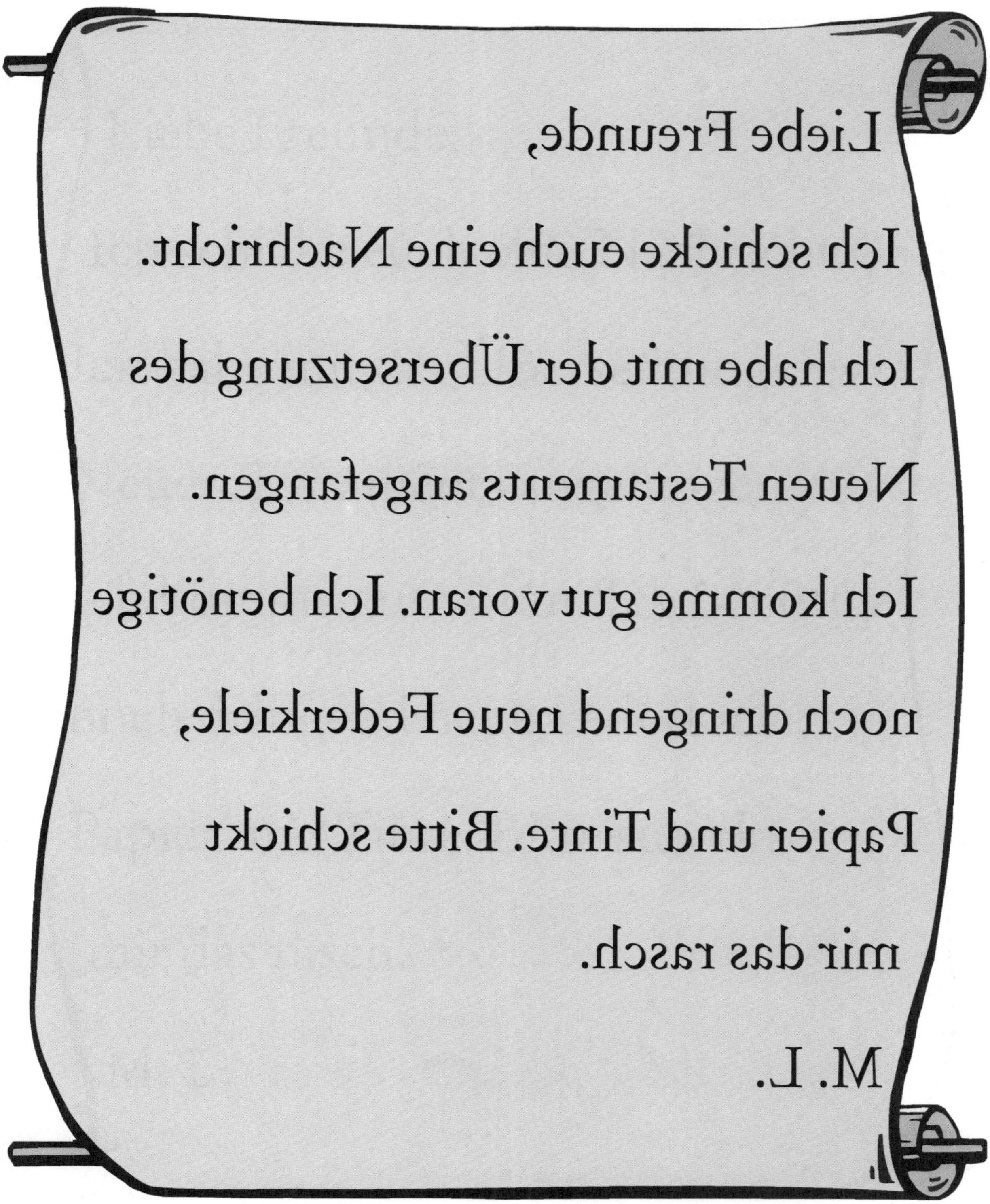

Schülerblatt: Eine Nachricht aus dem Versteck

Eine Nachricht aus dem Versteck. Wer kann sie entziffern?

Was hat Martin Luther vor?

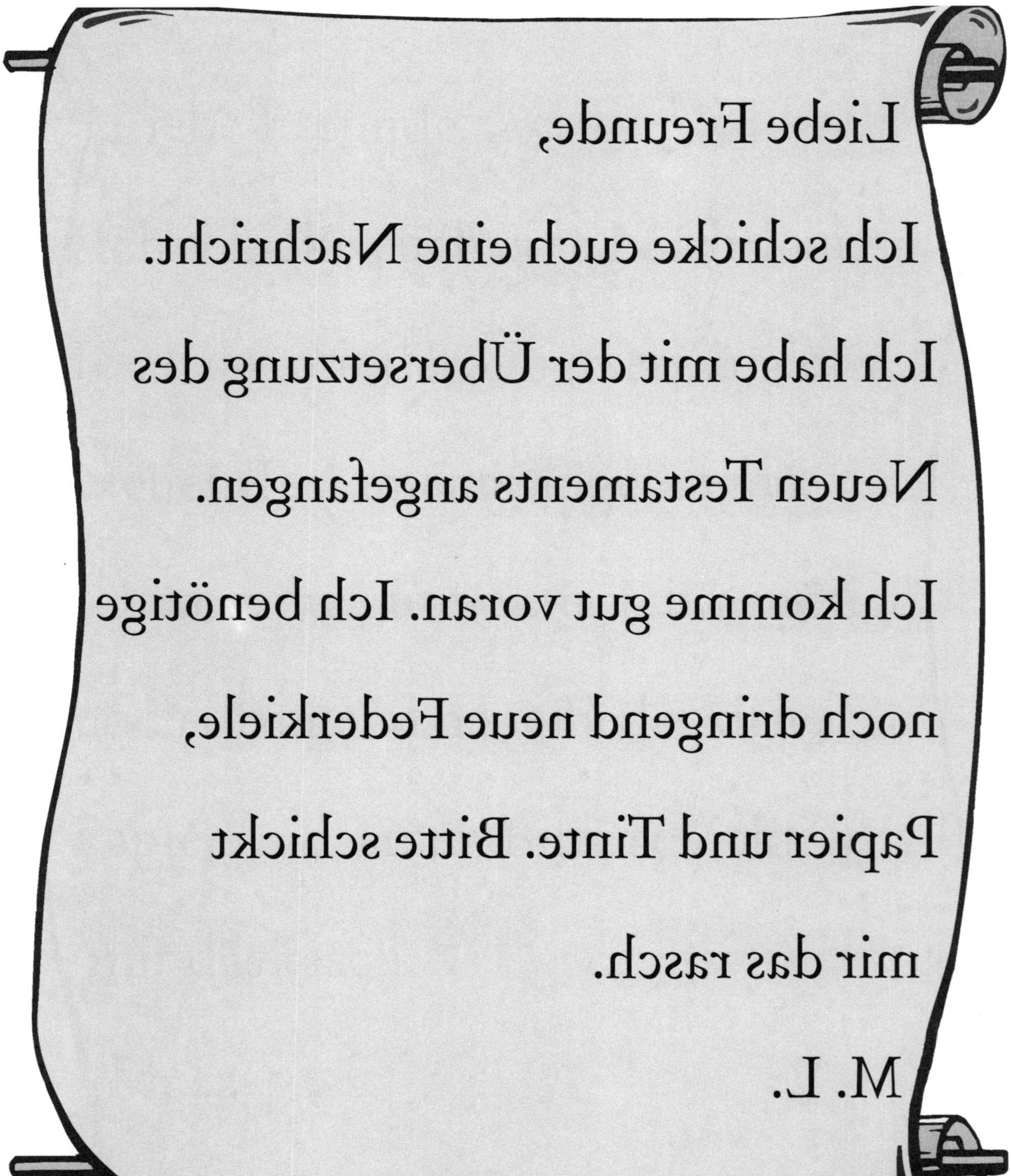

Schülerblatt: Antwortblatt für die Stationen 1–4

Station 1 Im Thüringer Wald wird Martin Luther plötzlich überfallen und aus der Kutsche gezerrt.

Wo ist er jetzt?

____

Station 2 Nun ist Martin Luther in Sicherheit.

Wer hat ihn dorthin bringen lassen?

____

Station 3 Martin Luther muss sich tarnen.

Wie nennt er sich jetzt?

____

Wie verändert er sein Aussehen?

1. Er legt sein Mönchsgewand ab.
2. ______________________________________
3. ______________________________________

Station 4 Ein Brief in Geheimschrift.

Was hat Martin Luther vor?

____

Kontrollblatt: Antwortblatt für die Stationen 1–4

Station 1 Im Thüringer Wald wird Martin Luther plötzlich überfallen und aus der Kutsche gezerrt.

Wo ist er jetzt?

Wartburg

Station 2 Nun ist Martin Luther in Sicherheit.

Wer hat ihn dorthin bringen lassen?

Friedrich der Weise

Station 3 Martin Luther muss sich tarnen.

Wie nennt er sich jetzt?

Junker Jörg

Wie verändert er sein Aussehen?

1. Er legt sein Mönchsgewand ab.
2. **Er lässt sich die Haare wachsen.**
3. **Er lässt sich einen Bart wachsen.**

Station 4 Ein Brief in Geheimschrift.

Was hat Martin Luther vor?

Er übersetzt das Neue Testament ins Deutsche.

Baustein VIII: Luther übersetzt das Neue Testament; er gründet eine Familie

Erzählung

Methodisch-didaktische Überlegungen

Die Erzählung rundet die UE ab. Thema dieses Bausteins ist die Übersetzung des NT durch Martin Luther aus dem griechischen Urtext in ein verständliches Deutsch. Die Erzählung knüpft dabei an die spielerische Arbeit des vorangehenden Bausteins an, vertieft diese und führt sie weiter.
Der Tod Luthers und die Entstehung der evangelischen Kirche wurden nicht aufgenommen, sie können aber ergänzt werden.
Für die Arbeit an Baustein VIII ist etwa eine halbe Unterrichtsstunde vorgesehen.

Erzählung

»Großmutter, ich bringe dir ein Glas frische Milch. Mutter hat mich geschickt um dir ein wenig Gesellschaft zu leisten.« Johannes hält seiner Großmutter das Glas entgegen. »Ich danke dir, es ist schön, wenn du mir ein wenig Gesellschaft leistest. Eine Hilfe bin ich euch ja nicht mehr, eher eine Last. Ich habe keine Kraft mehr zum Arbeiten, obwohl deine Mutter meine Hilfe dringend gebrauchen könnte.« »Ach Großmutter, das ist nicht nötig. Mutter schafft das schon. Und außerdem bist du die beste Geschichtenerzählerin, die ich kenne. Deine Geschichten werde ich noch meinen Kindern und Enkeln erzählen. Erzählst du mir weiter?«
Margarete Luther trinkt einige Schlucke der Milch und macht es sich in ihrem Stuhl bequem.
»Johannes, du kannst dir gar nicht vorstellen, welche Sorgen wir uns um deinen Vater machten. Nach der Entführung auf seiner Rückreise vom Reichstag war er wie vom Erdboden verschluckt. Wochenlang haben wir kaum geschlafen. Alle Boten, die bei uns vorbeikamen, zuckten nur die Schultern – niemand wusste, was geschehen war.
Erst viel später erfuhren wir, dass der Kurfürst Friedrich der Weise deinen Vater zum Schein entführen und auf der Wartburg verstecken ließ. Er war ein Freund deines Vaters und wollte auf diese Weise sein Leben schützen.
Auf der Wartburg lebte dein Vater zur Tarnung wie ein Ritter: er nannte sich Junker Jörg, trug vornehme Kleidung und ließ sich die Haare und einen Bart wachsen. Als Mönch hatte er ja keine Haare auf dem Hinterkopf tragen dürfen.

Aber auch in seinem Versteck auf der Wartburg kam er nicht zur Ruhe. Nein, er übersetzte in nur elf Wochen das Neue Testament in die deutsche Sprache. Er war der Meinung, alle Christen sollten das Neue Testament in ihrer Muttersprache lesen können. Acht Wochen nach dem Druck waren bereits 5000 Bücher verkauft. Obwohl aus Vorsicht auf dem Titelblatt nur stand: ›Das Neue Testament Deutsch‹ und der Name Luther nicht genannt war, waren sich alle sicher: Diese Übersetzung konnte nur von deinem Vater stammen.
Später kehrte er nach Wittenberg zurück. Große Unruhen gab es mittlerweile in ganz Deutschland. Fürsten und Bauern führten gegeneinander Krieg, und viele Klöster lösten sich auf, weil Mönche und Nonnen sich auf die Seite deines Vaters stellten. Er vertrat öffentlich die Meinung, dass auch Priester heiraten und eine Familie gründen sollten.
Und hier beginnt auch die Geschichte deiner Mutter Katharina. Sie hieß vor ihrer Heirat ›von Bora‹. Schon als Kind war sie von ihrem Vater ins Kloster gebracht worden. Dort lebte sie, bis sie eines Tages von deinem Vater und seinen Predigten hörte. Sie verstand ihn nur zu gut, auch sie hatte viele Jahre im Kloster verbracht und sich bemüht, mit Beten, Fasten und Beichten Gott zu gefallen. Auch sie hatte nie die Erfüllung gefunden. So baten sie und einige Freundinnen deinen Vater, ihnen bei der Flucht aus dem Kloster zu helfen. Dein Vater schickte einen vertrauenswürdigen Freund, und der Plan gelang. Aber damit gab es neue Probleme, denn für diese Frauen mussten Ehemänner gefunden werden, die sie versorgten, wenn sie nicht zu ihren Familien zurückkehren konnten.
Deine Mutter Katharina konnte weder nach Hause zurück, noch fand sie an einem der

Männer, die man ihr vorschlug, Gefallen. Wenn man sie fragte, so sagte sie: ›Ich heirate den Luther oder keinen.‹

Schließlich entschloss sich dein Vater, Katharina zu heiraten.

Viele spotteten damals: ›Ein verstoßener Mönch und eine entlaufene Nonne – wenn das nur gutgeht!‹ Aber sie haben sich alle getäuscht. Du kannst auf deine Eltern stolz sein.

Dein Vater ist ein berühmter Mann, der noch immer unermüdlich arbeitet und Bücher und Schriften veröffentlicht. Und deine Mutter versorgt ein großes Haus und viele Gäste, die hier ein und aus gehen.

Und natürlich darf man auch euch, dich und deine Geschwister nicht vergessen. Ihr bereitet euren Eltern viel Freude.«

Baustein IX: Wiederholung

Freiarbeit an fünf Stationen

Methodisch-didaktische Überlegungen

Um das Gehörte noch einmal exemplarisch aufzunehmen, bietet Baustein IX fünf Freiarbeitsstationen an. Es empfiehlt sich, Station 1 als Pflichtstation von allen Sch als Einstieg in Einzel-, Partner- oder Gruppenarbeit bearbeiten zu lassen.
Die Vorbereitung dieser Einheit ist etwas aufwendig, ist aber gerechtfertigt, da die Materialien immer wieder verwendet werden können.
Für die Arbeit an Baustein IX sind etwa zwei Unterrichtsstunden vorgesehen.

1. Stationen auf Luthers Lebensweg
Mit Texten und Bildern wird hier die Geschichte nochmals vertieft. Damit ist auch ein für alle Kinder gleiches Basiswissen gelegt.
Alle Kinder erhalten M 1 als DIN A 3-Blatt kopiert, ebenso erhalten sie ein Blatt mit den Kopien der Bilder (M 2), die sie ausschneiden. Sie ordnen die Bilder dem entsprechenden Text zu. Auch hier empfiehlt sich, auf die Rückseite des folierten Stationsblattes die Lösung zu kopieren, um den Kindern die Selbstkontrolle zu ermöglichen (siehe auch S. 8). Dieser Teil kann als Einzel-, Partner- oder Gruppenarbeit durchgeführt werden.
Im Anschluss daran wählen die Kinder aus den verbliebenen Stationen ihre Beschäftigung aus. Je nach Aufgabe können sie allein oder zusammen mit anderen arbeiten.

2. Domino
Je nach Situation der Klasse kann auch das Domino zur Erlangung von Basiswissen in der ganzen Klasse eingesetzt werden.
Das Domino ist so aufgebaut, dass es wichtige Stationen aus Luthers Lebenslauf aufnimmt und sie mit Bild und Text beschreibt.

Das Domino wird hier im Baustein IX als eine Station, die der Wiederholung dient, angeboten.
Das Domino kann aber auch als Material außerhalb des hier vorgestellten Durchgangs eingesetzt werden. Dabei kann über Gelerntes noch einmal gesprochen werden, es kann ergänzt oder noch einmal vertieft werden.

Es bietet sich an, bei der Erarbeitung der verschiedenen Themenkreise der UE vorher schon mit den Bildern zu arbeiten (Folie oder Kopien), so dass die Kinder mit ihnen bereits vertraut sind.

Es hat sich als hilfreich erwiesen, die Bilder möglichst stark zu vergrößern und auf stärkeres Papier (120g) zu kopieren.

– Man kann das Domino in der Gesamtgruppe spielen. Allerdings darf hierfür die Gruppe nicht mehr als 20 Sch umfassen, so dass jede/r Sch zwei oder drei Karten erhält. Man lässt die entsprechende Anzahl von Karten durch die Sch ziehen. Wer die erste Karte gezogen hat, liest den Text vor, zu dem der nächste die entsprechende Karte auf den Boden legt usw. So entsteht der Lebensweg Martin Luthers.
– Eine Möglichkeit ist auch, das Domino in Kleingruppen zu vier bis sechs Sch zu spielen. Das Domino wird mehrmals kopiert und foliert und den Sch zum selbständigen Arbeiten in der Gruppe zur Verfügung gestellt. Es arbeiten auf diese Weise mehrere Gruppen parallel.
– Eine weitere Möglichkeit, die vorgestellten Vorlagen im Unterricht zu verwenden, besteht darin, sie als Memory einzusetzen. Hierzu werden nur die Bildkarten gebraucht. Sie müssen jeweils verdoppelt werden.

3. Die Lutherrose

Schon Luthers Vorfahren in Möhra führten die Rose in ihrem Siegel. Luthers Vater hatte als Siegel einen Pickel und einen Bergmannshammer, die sich überkreuzten. Martin Luther nahm die Rose wieder auf und fügte das Kreuz, das Herz und den Ring hinzu; dieses Siegel führte er bereits Anfang des Jahres 1517.
Luther wollte mit seinem Wappen nicht darstellen, was er und seine Familie Großes geleistet haben. Er wollte mit seinem Wappen auf Gott hinweisen, den er als die Kraft seines Lebens erfahren hat. Er deutet sein Wappen als ein »Merkzeichen seiner Theologie« (Brief vom 8. Juli 1530 an den Nürnberger Ratsschreiber Lazarus Spengler).
Die Lutherrose enthält in ihrem Innern ein schwarzes Kreuz in einem roten (lebendigen) Herzen. Das Herz ist für ihn der Mittelpunkt seines Lebens und seines Glaubens. Das Kreuz zeigt, dass das Kreuz Jesu für Luther das Wichtigste in seinem Leben war. Es ist für ihn nicht Zeichen der Schwäche und der Niederlage, sondern soll deutlich machen: Jesus starb, weil er die Menschen liebte.
Herz und Kreuz bilden das Innere einer weißen Rose. Weiß ist die Farbe des Geistes und der Engel. Das menschliche Herz aus Fleisch und Blut (rote Farbe!) ist also umgeben vom göttlichen Geist Jesu, von dem sich Luther in seinem Leben bestimmen ließ.
Herz, Kreuz und Rosenblätter sind in ein himmelblaues Feld eingebettet. Damit zeigt Luther, dass das Leben des Glaubenden bereits der Beginn der zukünftigen himmlischen Freude ist.
Die gesamte Lutherrose ist umschlossen von einem goldenen Ring. Gold ist die Farbe für das Göttliche. Ein Ring hat keinen Anfang und kein Ende, genau wie die Liebe Gottes. Diese umfasst das Ganze; ohne sie würde alles auseinanderfallen.

Die Sch malen Luthers Wappen an.
Die Lutherrose auf dem Stationsblatt kann zur Orientierung schon von der Lehrerin bzw. dem Lehrer angemalt werden.

4. Arbeit mit der Lernrolle

Zur Herstellung der Lernrolle benötigt man eine Papprolle mit 5,5 cm Durchmesser (zu beziehen bei Beenen-Lehrmittel, Issumer Weg 19, 46519 Alpen). Die Vorlage wird in Streifen geschnitten und diese lose um die Rolle gelegt, an den markierten Punkten wird Klebstoff angebracht. Der linke und der rechte Randstreifen werden fest auf die Rolle geklebt, um ein Herausrutschen der losen Streifen zu verhindern. Durch Folieren wird die Stabilität erhöht. Die Sch ordnen nun der linken Textspalte die jeweils passenden Begriffe der anderen Spalten zu. Die Buchstaben aller Spalten ergeben bei richtiger Zuordnung die Lösungsworte, die auf der Rückseite des Stationsblattes zu finden sind (siehe auch S. 8).

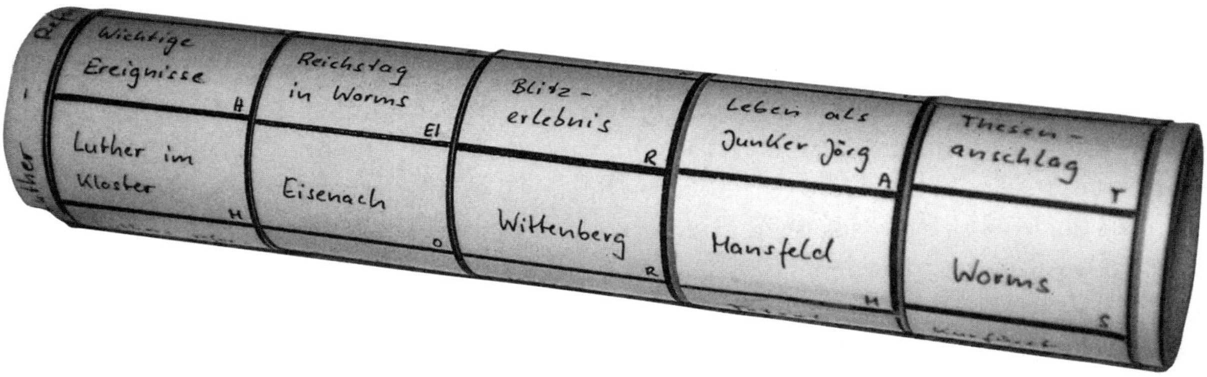

5. Zusatzmaterial
Der Lückentext zu Martin Luther kann in Einzel- oder Gruppenarbeit oder im Plenum ausgefüllt werden.

Stationskarte : Stationen auf Luthers Lebensweg

Auf diesem Blatt sind wichtige Stationen im Leben Martin Luthers eingezeichnet. Suche aus dem beiliegenden Blatt die passenden Bilder aus und klebe sie auf.

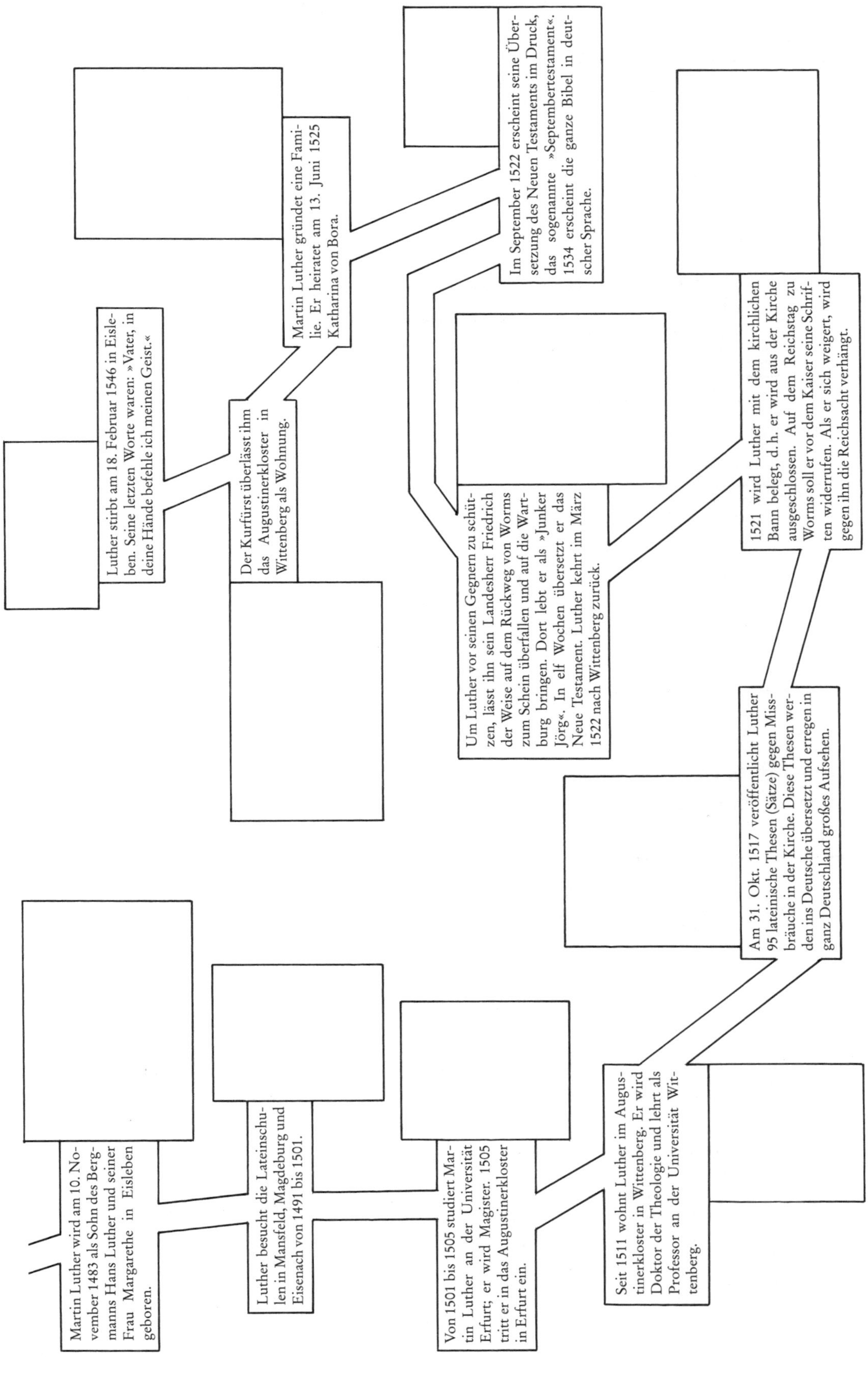

Schülerblatt: Stationen auf Luthers Lebensweg (Plan M1)

Auf diesem Blatt sind wichtige Stationen im Leben Martin Luthers eingezeichnet. Suche aus dem beiliegenden Blatt die passenden Bilder aus und

Martin Luther wird am 10. November 1483 als Sohn des Bergmanns Hans Luther und seiner Frau Margarethe in Eisleben geboren.

Luther besucht die Lateinschulen in Mansfeld, Magdeburg und Eisenach von 1491 bis 1501.

Von 1501 bis 1505 studiert Martin Luther an der Universität Erfurt; er wird Magister. 1505 tritt er in das Augustinerkloster in Erfurt ein.

Um Lu
zen, lä
der We
zum Sc
burg b
Jörg«.
Neue T
1522 na

Seit 1511 wohnt Luther im Augustinerkloster in Wittenberg. Er wird Doktor der Theologie und lehrt als Professor an der Universität Wittenberg.

Am 31. Okt. 1517 veröffentlicht Luthe
95 lateinische Thesen (Sätze) gegen Miss
bräuche in der Kirche. Diese Thesen wer
den ins Deutsche übersetzt und erregen i
ganz Deutschland großes Aufsehen.

Luther stirbt am 18. Februar 1546 in Eisleben. Seine letzten Worte waren: »Vater, in deine Hände befehle ich meinen Geist.«

Der Kurfürst überlässt ihm das Augustinerkloster in Wittenberg als Wohnung.

Martin Luther gründet eine Familie. Er heiratet am 13. Juni 1525 Katharina von Bora.

seinen Gegnern zu schüt-
ein Landesherr Friedrich
em Rückweg von Worms
rfallen und auf die Wart-
Dort lebt er als »Junker
Vochen übersetzt er das
t. Luther kehrt im März
nberg zurück.

Im September 1522 erscheint seine Übersetzung des Neuen Testaments im Druck, das sogenannte »Septembertestament«. 1534 erscheint die ganze Bibel in deutscher Sprache.

1521 wird Luther mit dem kirchlichen Bann belegt, d. h. er wird aus der Kirche ausgeschlossen. Auf dem Reichstag zu Worms soll er vor dem Kaiser seine Schriften widerrufen. Als er sich weigert, wird gegen ihn die Reichsacht verhängt.

Schülerblatt: Stationen auf Luthers Lebensweg (Bilder M2)

Schneide die Bilder aus. Klebe sie an die richtige Stelle auf der Vorlage.

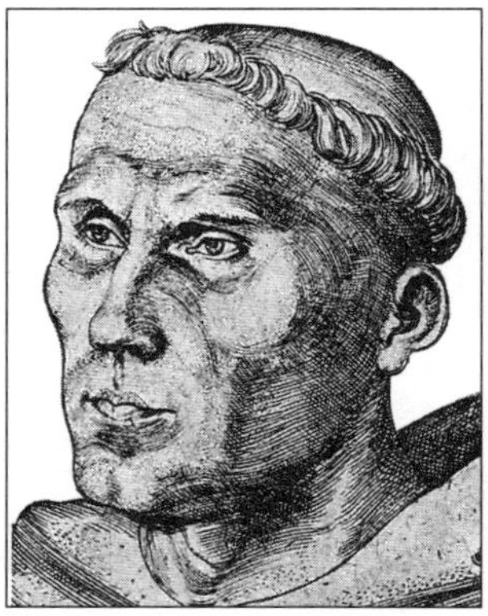

Kontrollblatt: Stationen auf Luthers Lebensweg

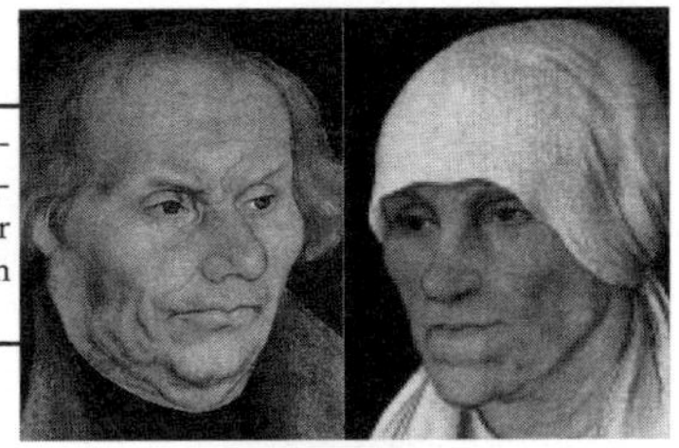

Martin Luther wird am 10. November 1483 als Sohn des Bergmanns Hans Luther und seiner Frau Margarethe in Eisleben geboren.

Luther besucht die Lateinschulen in Mansfeld, Magdeburg und Eisenach von 1491 bis 1501.

Von 1501 bis 1505 studiert Martin Luther an der Universität Erfurt; er wird Magister. 1505 tritt er in das Augustinerkloster in Erfurt ein.

Seit 1511 wohnt Luther im Augustinerkloster in Wittenberg. Er wird Doktor der Theologie und lehrt als Professor an der Universität Wittenberg.

Am 31. Okt. 1517 veröffentlicht Luther 95 lateinische Thesen (Sätze) gegen Missbräuche in der Kirche. Diese Thesen werden ins Deutsche übersetzt und erregen in ganz Deutschland großes Aufsehen.

1521 wird Luther mit dem kirchlichen Bann belegt, d. h. er wird aus der Kirche ausgeschlossen. Auf dem Reichstag zu Worms soll er vor dem Kaiser seine Schriften widerrufen. Als er sich weigert, wird gegen ihn die Reichsacht verhängt.

Um Luther vor seinen Gegnern zu schützen, lässt ihn sein Landesherr Friedrich der Weise auf dem Rückweg von Worms zum Schein überfallen und auf die Wartburg bringen. Dort lebt er als »Junker Jörg«. In elf Wochen übersetzt er das Neue Testament. Luther kehrt im März 1522 nach Wittenberg zurück.

Im September 1522 erscheint seine Übersetzung des Neuen Testaments im Druck, das sogenannte »Septembertestament«. 1534 erscheint die ganze Bibel in deutscher Sprache.

Martin Luther gründet eine Familie. Er heiratet am 13. Juni 1525 Katharina von Bora.

Der Kurfürst überlässt ihm das Augustinerkloster in Wittenberg als Wohnung.

Luther stirbt am 18. Februar 1546 in Eisleben. Seine letzten Worte waren: »Vater, in deine Hände befehle ich meinen Geist.«

Stationskarte: Domino

Dieses Domino können immer vier Schüler/innen zusammen spielen.
Teilt euch die Karten gleichmäßig auf. Der Text rechts vom Bild bezieht sich immer auf das nächste Bild.

Wenn ihr die Aufgabe gelöst habt, könnt ihr mit Hilfe der aufgedruckten Buchstaben überprüfen, ob alle Karten richtig gelegt sind.

✂ --

Baustein IX: Wiederholung – Station 2 (W)

Kontrollblatt: Domino

Wenn ihr die Karten in der richtigen Reihenfolge gelegt habt, ergibt sich mit den Buchstaben rechts unten ein Lösungssatz. Er heißt: *Eine der wichtigsten Leistungen Martin Luthers war die Übersetzung der Bibel aus den Ur-sprachen in die deutsche Sprache.*

Vorgehen

1. Vorlagen kopieren (1:1 oder auf DIN A 3).
2. Die Kopien folieren.
3. Die Kärtchen ausschneiden.

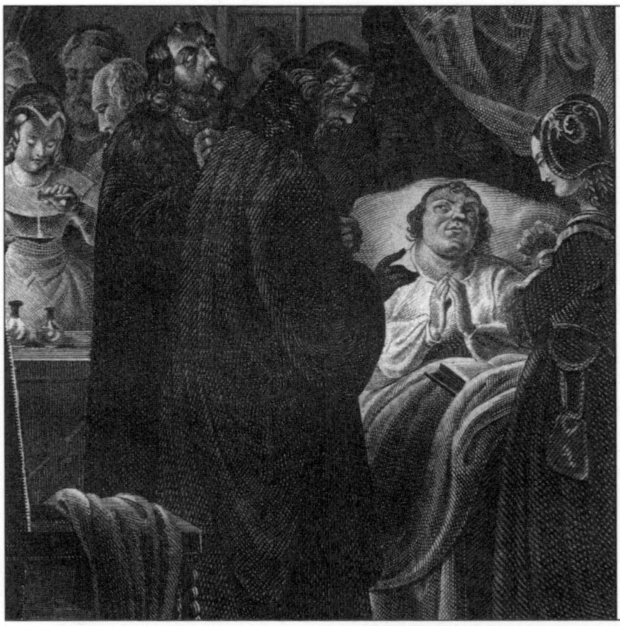

In diesem Haus in Eisleben wurde dem Ehepaar Hans und Margarethe Luther am 10. November 1483 ihr erstes Kind, ein Sohn, geboren.

Ei-

Schon einen Tag später, dem Gedenktag des heiligen Martin, wurde das Kind auf den Namen Martin getauft.
Vom heiligen Martin wird erzählt, dass er die Hälfte seines Mantels einem armen Bettler abgegeben hat.

ne

Bald nach der Geburt ziehen die Eltern Martin Luthers nach Mansfeld. Der Vater war Bergarbeiter. Durch großen Fleiß arbeitete er sich hoch und übernahm ein kleines Kupferbergwerk.

der

Martin wird von seinen Eltern streng erzogen und bekommt oft Schläge.
Für ihren Sohn Martin haben die Eltern den Wunsch, dass er einmal einen besseren Beruf haben soll als der Vater. Sie sparen Geld, damit sie ihn auf die Lateinschule schicken können.

wich-

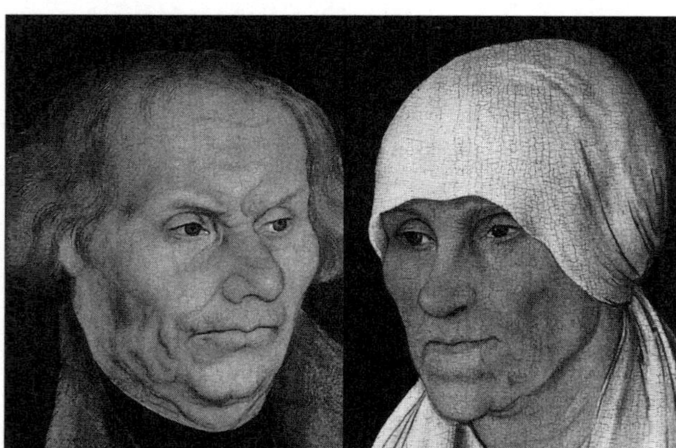

Luthers Eltern

Auch die Erziehung in der Schule war streng. Wer nicht gut gelernt hatte, bekam Schläge und andere harte Strafen.

tigsten

Wer im Unterricht Deutsch statt Lateinisch sprach, musste eine Eselsmaske tragen, bis er einen anderen bei einem deutschen Wort ertappte.

Leis-

Martin besucht die Lateinschulen in Mansfeld, Magdeburg und Eisenach. Um sich Geld zu verdienen, singt er in Eisenach zusammen mit anderen Schülern vor den Häusern reicher Bürger.
Das Ehepaar Cotta nimmt Martin in ihr Haus auf.

tungen

Nach dem Abschluss der Schule geht Martin Luther im Jahr 1501 zum Studium nach Erfurt.
Nach dem Grundstudium studiert Luther zunächst Rechtswissenschaft. Sein Vater ist sehr stolz auf ihn.

Mar-

Auf dem Rückweg von seinen Eltern gerät er einmal in ein schweres Gewitter. Der Blitz schlägt neben ihm ein. Martin fällt zu Boden.
Und dann bricht es aus ihm heraus: »Hilf heilige Anna, ich will ein Mönch werden.«

tin

Viele Freunde raten ihm davon ab, ins Kloster zu gehen. Sie sagen: Ein Gelübde, das man in der Not ablegt, muss man nicht einhalten. Aber Martin lässt sich nicht umstimmen, auch nicht durch die Bitten seines enttäuschten Vaters. Im Jahre 1505 tritt Luther in das Augustinerkloster in Erfurt ein.

Luthers

Augustinerkloster in Erfurt

Nach einer einjährigen Probezeit wird er Mönch.
Er verspricht, in Armut zu leben, unverheiratet zu bleiben und dem Abt gehorsam zu sein.

war

Luther als Mönch

Als Mönch will Luther so leben, dass es Gott gefällt.
Immer wieder fragt er sich: »Tue ich auch genug? Ist Gott zufrieden mit mir? Wie finde ich einen gnädigen Gott?« Er betet viel, liest eifrig in der Bibel, schläft wenig und fastet.
Seine Mitbrüder finden den entkräfteten Bruder Martin einmal ohnmächtig in seiner Zelle.

die

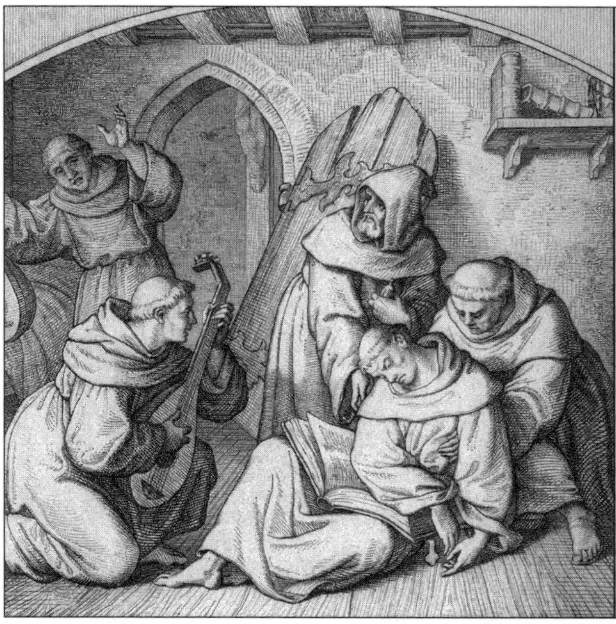

Im Kloster wird Martin Luther zum Priester geweiht. Er lernt und studiert weiter. Er wird von seinem Orden nach Wittenberg geschickt. Dort lehrt er als Professor der Theologie.
Als sein Vater erkennt, dass es sein Sohn auch im Kloster zu etwas bringt, versöhnt er sich mit ihm.

Über-

Durch das Lesen der Bibel erkennt Luther: Gott ist nicht der strenge Richter, der immer nur unsere Fehler sieht.
Gott ist wie ein guter Vater; er liebt jeden Menschen. Wir brauchen keine Angst vor ihm zu haben.

setzung

Damals reiste der Mönch Tetzel im Auftrag des Papstes durch Deutschland und verkaufte Ablassbriefe. Er sagte: Nach dem Tod müssen die Menschen im Fegefeuer für ihre Sünden büßen. Man kann sich aber von diesen Strafen durch Ablassbriefe loskaufen.

der

Tetzels Ablasskasten

Luther ist empört. Er sagt: Man kann doch nicht gegen Geld die Strafen für die Sünden loswerden. Am 31. Oktober 1517 nimmt Luther gegen den Ablass Stellung. Seine 95 Thesen (Sätze) gegen den Ablass werden an der Tür der Schlosskirche von Wittenberg öffentlich ausgehängt.

Bibel

Luthers Thesen erregen in ganz Deutschland großes Aufsehen. Der Papst droht ihm den Ausschluss aus der Kirche an.

Der Kaiser lädt Luther vor den Reichstag in Worms. Dort soll er seine Behauptungen widerrufen. Wenn nicht, droht ihm eine harte Strafe.

aus

Luthers Reise nach Worms

Luther sagt vor dem Reichstag:
»Wenn mir jemand aus der Bibel nachweisen kann, dass ich etwas Falsches gesagt habe, widerrufe ich, sonst bleibe ich bei meiner Überzeugung. Ich kann nicht anders. Hier stehe ich. Gott helfe mir. Amen.«

den

Luther vor dem Kaiser

Kaiser Karl V. ist sehr verärgert. Er verhängt über Luther die Reichsacht. Das bedeutet, dass er vogelfrei ist: Wer ihn trifft, soll ihn gefangen nehmen und ihn tot oder lebendig dem Kaiser ausliefern. Auf der Rückreise im Thüringer Wald wird Luther plötzlich überfallen und aus der Kutsche gezerrt.

Ur-

Aber es ist nur ein Scheinüberfall: Sein Landesherr, Kurfürst Friedrich der Weise, lässt ihn auf die Wartburg bringen. Hier ist er sicher.
Luther lässt sich zur Tarnung einen Bart wachsen und nennt sich Junker (Ritter) Jörg.

sprachen

In seinem Zimmer auf der Burg studiert und schreibt Luther viel. Er macht sich an die Übersetzung des Neuen Testaments aus der griechischen Ursprache ins Deutsche. Er braucht dazu nur elf Wochen.
Luther übersetzt das Neue Testament so, dass alle Menschen es gut verstehen können.

in

Später kehrt Luther von der Wartburg wieder nach Wittenberg zurück.
1525 heiratet er Katharina von Bora. Luther war zu der Überzeugung gekommen, dass das Leben als Mönch kein Leben war, das Gott gefiel. Deshalb gründete er eine Familie.

die

Katharina von Bora war als kleines Mädchen ins Kloster gebracht worden, weil ihre Mutter gestorben war. Später hörte sie von Luther. Sie verließ mit anderen Nonnen das Kloster und kam nach Wittenberg.

deut-

Den Eheleuten Katharina und Martin werden sechs Kinder geboren.
Die Familie Luther führt ein glückliches Familienleben. Viele Gäste kommen zu Besuch. Es wird viel musiziert und gesungen.
Für das Weihnachtsfest 1535 dichtet Martin Luther das Lied »Vom Himmel hoch, da komm ich her…«

sche

Im Jahre 1546 stirbt Luther in seiner Geburtsstadt Eisleben. Er war dorthin gekommen, um einen Streit zwischen zwei Fürsten zu schlichten.

Sprache.

Stationskarte: Die Lutherrose

Martin Luther wurde ein berühmter Mann. Deshalb sollte er sich auch ein Familienwappen geben. Er hat in sein Wappen die Dinge eingezeichnet, die ihm in seinem Leben sehr bedeutsam waren.

Malt die Rose an.	Symbole und Farben haben eine Bedeutung:
Das Herz ist rot:	Das Herz steht für das, was ich denke und fühle.
Das Kreuz ist schwarz:	Jesus starb am Kreuz, weil er die Menschen liebte.
Die Rose ist weiß:	Weiß ist die Farbe der Engel. Sie haben Luther behütet auf seinem Weg.
Der Ring ist golden:	Gold ist die Farbe für Gott. So wie der Ring keinen Anfang und kein Ende hat, so hat auch Gottes Liebe keinen Anfang und kein Ende.
Der Zwischenraum zwischen Rose und Ring ist blau:	Blau weist auf den Himmel hin, der die Welt umspannt. Überall ist Gott nahe. Nach dem Tod kann ich bei Gott im Himmel sein.

Schülerblatt: Die Lutherrose

Martin Luther wurde ein berühmter Mann. Deshalb sollte er sich auch ein Familienwappen geben. Er hat in sein Wappen die Dinge eingezeichnet, die ihm in seinem Leben sehr bedeutsam waren.

Malt die Rose an.	Symbole und Farben haben eine Bedeutung:
Das Herz ist rot:	Das Herz steht für das, was ich denke und fühle.
Das Kreuz ist schwarz:	Jesus starb am Kreuz, weil er die Menschen liebte.
Die Rose ist weiß:	Weiß ist die Farbe der Engel. Sie haben Luther behütet auf seinem Weg.
Der Ring ist golden:	Gold ist die Farbe für Gott. So wie ein Ring keinen Anfang und kein Ende hat, so hat auch Gottes Liebe keinen Anfang und kein Ende.
Der Zwischenraum zwischen Rose und Ring ist blau:	Blau weist auf den Himmel hin, der die Welt umspannt. Überall ist Gott nahe. Nach dem Tod kann ich bei Gott im Himmel sein.

Stationskarte: Arbeit mit der Lernrolle

Hier kannst du mit der Lernrolle arbeiten. In der linken Spalte sind Begriffe vorgegeben, denen du aus den vier anderen Teilen Begriffe zuordnen kannst.

Wenn du die Arbeit richtig gemacht hast, ergibt sich mit den unteren Buchstaben immer ein Lösungswort. Schreibe es auf. Wenn du fertig bist, kannst du deine Lösungen mit dem Kontrollblatt vergleichen.

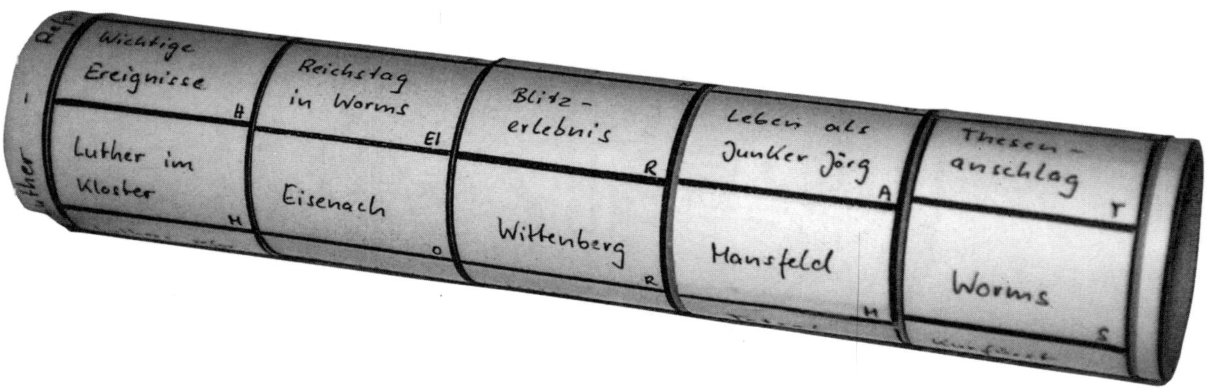

Orte in Luthers Leben W	Lieder Ü	Büßen N	Tetzel S	Thesenanschlag T
Personen in Luthers Le-ben P	Gott E	Blitzerlebnis R	Bibelübersetzung E	Worms S
Werke Luthers B	Reichstag in Worms EI	Wittenberg R	Fasten C	Kurfürst Friedrich der Weise T
Wichtige Ereignisse H	Eisenach O	Kaiser Karl V. P	dir seine U	Gebete R
Luther im Kloster M	Beichten Ö	Katechismus CH	Leben als Junker Jörg A	Liebe S
Luthers reformatorische Entdeckung J	Katharina von Bora A	schenkt S	Mansfeld M	Geißelung H
Klebstelle	**Klebstelle**	**Klebstelle**	**Klebstelle**	**Klebstelle**

Kontrollblatt: Arbeit mit der Lernrolle

Lösungen

Orte im Leben Luthers:	Worms
Personen im Leben Luthers:	Papst
Werke Luthers:	Bücher
Wichtige Ereignisse:	Heirat
Luther im Kloster:	Mönch
Luthers reformatorische Entdeckung:	Jesus

Zusatzmaterial – Wiederholung zu Martin Luther

Martin Luther wurde am ______________ in ________________ geboren. Seine Eltern hießen ___________ und ______________ Luther.
Schon ein Jahr später zieht die Familie nach Mansfeld um. Nach einiger Zeit übernahm sein Vater ein ____________.
Seine Eltern lieben Martin, trotzdem wird er sehr _________ erzogen.
Aber nicht nur zu Hause geht man mit Martin so um, sondern auch in der Schule. Gesprochen wird in ________________ Sprache. Wer einen Fehler macht, muss die_______________ aufsetzen. Erst in Eisenach geht Martin gern zur Schule. Am liebsten mag er das _________. Nach seiner Schulzeit geht er zur Universität nach Erfurt, sein __________ möchte, dass aus ihm ein _________________ wird.
Eines Tages, als er unterwegs ist, schlägt neben ihm der _________ ein. Martin gibt ein Gelübde ab: »Hilf, heilige Anna, ich will ein ________ werden.«
Sein Vater stimmt den Plänen nicht zu. Aber Martin geht ins _______________________ __________________ in Erfurt.
Bald wird er dort ______________ und erklärt seinen Studenten die Bibel.
Martin ist nicht glücklich, denn obwohl er alle _________ mehr als erfüllt, ist er unsicher, ob Gott ihn annimmt. Eines Tages erfährt er in seiner Bibel etwas wichtiges: Gott _________ alle Menschen, auch wenn sie _______ machen. Jetzt kann Martin sich freuen.
Am 31. Oktober 1517 heftet Luther seine ________________________ an die Tür der Schlosskirche in Wittenberg. Er will mit anderen darüber reden, ob man seine _____________ mit dem Kauf eines _________________________ los werden kann. Viele Menschen interessieren sich dafür. Der ____________ und der _______________ wollen, dass Luther seine Meinung ändert.
In Worms beim Reichstag verhängt der Kaiser die _______________________ über ihn, weil Luther nicht widerruft.
Um sein Leben zu schützen, lässt Kurfürst Friedrich der Weise Luther entführen und auf die ______________________ bringen. Dort lebt er versteckt als __________________.
In dieser Zeit arbeitet Luther sehr fleißig, er übersetzt das _____________________ in die deutsche Sprache.
Im Jahr 1525 heiratet Luther ____________________________, eine ehemalige Nonne. Familie Luther lebt in Wittenberg und hat Kinder.
Am 18. Februar 1546 ______________ Luther in Eisleben.

Setze folgende Wörter richtig ein:

Eisleben – Fehler – streng – Katharina von Bora – Vater – Neue Testament – 10. November 1483 – Pflichten – Priester – Margarete – Reichsacht – Mönch – lateinischer – Bergwerk – liebt – Hans – Singen – Ablassbriefes – Eselsmaske – Kaiser – Blitz – Junker Jörg – Papst – 95 Thesen – Augustinerkloster – stirbt – Bürgermeister – Sünden – Wartburg

Kontrollblatt: Zusatzmaterial – Wiederholung zu Martin Luther

Martin Luther wurde am **10. November 1483** in **Eisleben** geboren. Seine Eltern hießen **Hans** und **Margarete** Luther.
Schon ein Jahr später zieht die Familie nach Mansfeld um. Nach einiger Zeit übernahm sein Vater ein **Bergwerk**.
Seine Eltern lieben Martin, trotzdem wird er sehr **streng** erzogen.
Aber nicht nur zu Hause geht man mit Martin so um, sondern auch in der Schule. Gesprochen wird in **lateinischer** Sprache. Wer einen Fehler macht, muss die **Eselsmaske** aufsetzen.
Erst in Eisenach geht Martin gern zur Schule. Am liebsten mag er das **Singen**. Nach seiner Schulzeit geht er zur Universität nach Erfurt, sein **Vater** möchte, dass aus ihm ein **Bürgermeister** wird.
Eines Tages, als er unterwegs ist, schlägt neben ihm der **Blitz** ein. Martin gibt ein Gelübde ab: »Hilf, heilige Anna, ich will ein **Mönch** werden.«
Sein Vater stimmt den Plänen nicht zu. Aber Martin geht ins **Augustinerkloster** in Erfurt.
Bald wird er dort **Priester** und erklärt seinen Studenten die Bibel.
Martin ist nicht glücklich, denn obwohl er alle **Pflichten** mehr als erfüllt, ist er unsicher, ob Gott ihn annimmt. Eines Tages erfährt er in seiner Bibel etwas wichtiges: Gott **liebt** alle Menschen, auch wenn sie **Fehler** machen.
Jetzt kann Martin sich freuen.
Am 31. Oktober 1517 heftet Luther seine **95 Thesen** an die Tür der Schlosskirche in Wittenberg. Er will mit anderen darüber reden, ob man seine **Sünden** mit dem Kauf eines **Ablassbriefes** los werden kann. Viele Menschen interessieren sich dafür. Der **Papst** und der **Kaiser** wollen, dass Luther seine Meinung ändert.
In Worms beim Reichstag verhängt der Kaiser die **Reichsacht** über ihn, weil Luther nicht widerruft.
Um sein Leben zu schützen, lässt Kurfürst Friedrich der Weise Luther entführen und auf die **Wartburg** bringen. Dort lebt er versteckt als **Junker Jörg**.
In dieser Zeit arbeitet Luther sehr fleißig, er übersetzt das **Neue Testament** in die deutsche Sprache.
Im Jahr 1525 heiratet Luther **Katharina von Bora**, eine ehemalige Nonne. Familie Luther lebt in Wittenberg und hat Kinder.
Am 18. Februar 1546 **stirbt** Luther in Eisleben.